OEUVRES
POSTHUMES
DE FLORIAN.

Nouvelle Édition,

ORNÉE DE DEUX PORTRAITS
ET DE QUATRE-VINGTS GRAVURES D'APRÈS DESENNE.

MÉMOIRES D'UN JEUNE ESPAGNOL.
NOUVEAUX MÉLANGES.

PARIS,

LADRANGE, LIBRAIRE,
QUAI DES AUGUSTINS, N° 19;

FURNE, MÊME QUAI, N° 37.

M DCCC XXIX.

OEUVRES

POSTHUMES

DE FLORIAN.

TOME VI.

IMPRIMERIE DE H. FOURNIER, RUE DE SEINE, N° 14.

LA JEUNESSE DE FLORIAN,

ou

MÉMOIRES
D'UN JEUNE ESPAGNOL.

AVERTISSEMENT

DU PREMIER ÉDITEUR.

L'OUVRAGE que nous donnons ici sous le titre de *Mémoires d'un jeune Espagnol*, forme l'histoire des dix-huit premières années de la vie de FLORIAN, et il y a lieu de croire que c'est tout ce qu'il a écrit de ses Mémoires; car ces sortes de confessions, ordinairement sans conséquence lorsqu'il s'agit des premières années, auraient pu acquérir, en traitant de la seconde partie de sa vie, un tout autre caractère, soit par la nature des événemens, soit par le rôle des personnages qu'il eût fallu mettre en scène.

Quel est en effet le littérateur, et même l'homme du monde un peu répandu, qui, en traçant son histoire, ait le droit de tout dire sur les autres? Quel est l'homme délicat qui osera disposer du secret des familles avec lesquelles le sort l'a lié, et cela sur le frivole espoir d'être lu lorsqu'il ne sera plus, et d'occuper quelques instans l'oisive malignité? J.-J. Rousseau a succombé à cette tentation; mais ses plus sincères admirateurs mêmes seraient fort embarrassés pour justifier en tout cette entreprise; et il n'est personne qui ne convienne que si un homme connu a le droit de mettre au grand jour ses faiblesses pour l'instruction de tous, quand ce tableau ne blesse point les mœurs, il n'a pas du moins celui de dévoiler celles des autres; et toute défense de laisser paraître de tels écrits de son vivant ne peut être considérée comme un acte de délicatesse qui excuse l'historien, mais comme une précaution personnelle, un moyen de se soustraire aux lois sociales qui laissent un recours contre la diffamation.

Ces réflexions ont sans doute empêché Florian de tracer l'histoire d'une époque où ses actions, acquérant plus d'importance, liaient aux événemens la réputation d'hommes et de femmes que les lois de la société lui ordonnaient de ne point troubler : le caractère de ses ouvrages nous est un sûr garant de ses principes à cet égard; et on a pu voir, dans la Notice sur sa vie, que sa conduite fut toujours d'accord avec la morale de ses pastorales, de ses poëmes et de ses fables.

Peut-être aussi Florian a-t-il pensé que la vie d'un homme de lettres offre peu de diversité dans les événemens, parce que le littérateur ayant presque toujours un but unique, les moyens de l'atteindre sont, à peu de chose près, les mêmes pour tous; d'ailleurs ceux de ces événemens qui ont quelque éclat, tels que les grands succès ou les grandes chutes, ont toujours eu trop de témoins pour pouvoir entrer dans un récit qui n'offre plus l'intérêt de la nouveauté. Enfin quelque opinion que l'on conçoive sur l'objet que Florian avait en vue en écrivant ces Mémoires, et sur son intention en les bornant à l'histoire de ses premières années, on peut du moins assurer qu'il n'a jamais eu l'intention de les continuer jusqu'au moment où il a cessé de vivre; car il ne leur eût pas conservé un titre écrit plusieurs fois de sa main: *Mémoires d'un jeune Espagnol.*

Quant au style, le public jugera sans doute qu'il a les caractères ordinaires de celui de cet auteur, c'est-à-dire de la simplicité, de la naïveté, et une sorte de négligence qui convient à des mémoires de ce genre plus qu'à tout autre ouvrage. Florian, toujours plein de la littérature espagnole, a donné à des personnages réels des noms et des titres espagnols: quelques-uns, peu importans, sont totalement déguisés, et c'est un voile qu'il eût été facile de lever, si on l'avait cru utile; d'autres sont de simples imitations, des anagrammes de noms français, et ce léger déguisement prouve qu'il ne tenait pas à ce que ces noms restassent inconnus; ainsi, dès la seconde page, il fait mention de la terre de *Niaflor*, seule propriété de son grand-père; et il n'est personne qui ne voie que ce nom est une espèce d'anagramme de celui de *Florian*, que portait la terre que sa famille possédait dans les Basses-Cévennes.

Le nom de *Lope de Véga*, qui est celui d'un célèbre auteur espagnol, ne déguise pas mieux celui de Voltaire dans son habitation de Ferney, que Florian nomme *Fernixo*; et l'on sait que la tante de notre auteur était, ainsi qu'il le dit dans ses Mémoires, propre nièce de Voltaire, dont l'autre nièce, sœur de cette tante, était madame Denis, que Florian nomme en espagnol *Dona Nisa* : l'abbé Marianno, frère de cette tante, est l'abbé *Mignot*; mais la difficulté de donner un nom étranger à mademoiselle Clairon, qui se trouvait à Ferney lors du premier voyage de Florian, lui a fait conserver celui de cette actrice fameuse (1).

Il est aussi facile de reconnaître dans la petite-fille du grand Caldéron, autre célèbre auteur espagnol, la nièce de notre grand Corneille, que Voltaire avait en effet mariée.

---

(1) Voltaire désignait le jeune Florian par le nom de *Florianet*. Il paraît que le vieil ermite de Ferney fut fort content de notre aimable adolescent. On lit dans une de ses lettres datée du 14 janvier 1767, et adressée au marquis de Florian :

« *Florianet* a écrit une lettre charmante en latin, à Père « Adam. Je vous prie de le baiser pour moi des deux côtés. « J'embrasse de tout mon cœur la mère et le fils. »

Et dans une autre lettre adressée au même, le 1er avril 1771 :
— « Vous avez un neveu qui est charmant, etc.

Il n'est pas moins aisé de soulever le voile qui cache, sous le titre des nièces du poète *Tegrés* (au chap. VIII du liv. I), les nièces de Gresset. Enfin les personnes qui ont lu quelques traits de la vie de Florian ne peuvent méconnaître dans *don Juan* ce prince, modèle de piété et de bienfaisance, qui ne cessa de le protéger et de l'aimer : le duc de Penthièvre une fois reconnu dans ce digne protecteur, les noms des princesses de sa maison, non moins célèbres par leurs vertus et leurs malheurs, ne sont plus un mystère pour les lecteurs, qui les auraient sans doute reconnues au portrait simple et touchant de leur caractère (chap. x du liv. I). Qui pourrait, en effet, méconnaître l'infortunée duchesse d'Orléans à ce portrait naïf qu'il termine par cette phrase prophétique : « Et l'on pouvait prévoir dès-« lors qu'elle deviendrait chère à toute l'Espagne. »

La scène de tous les événemens racontés dans ces Mémoires étant transportée en Espagne, on sent bien que Madrid est là pour Paris, et l'Escurial pour Versailles (1). Durango, où se tenait l'école d'artillerie, désigne Bapaume. Les autres noms peuvent conserver le voile qui les couvre sans les

---

(1) Florian, tout entier à la vérité de son récit, a pu oublier le lieu fictif de la scène, et on lit quelquefois dans son manuscrit Paris au lieu de Madrid.

cacher entièrement, ce demi-jour n'ôtant rien à l'intérêt de la narration; d'ailleurs ce serait ne pas seconder les intentions de Florian que de chercher à soulever celui dont il a couvert les objets de ses premières amourettes.

Les dates sont exactes, si nous en jugeons par celles que nous avons été à portée de vérifier : Florian a même eu l'attention de noter en marge les noms des mois, ce qui nous a paru peu important pour le lecteur.

On peut voir dans la Vie de Florian un abrégé des événemens qui remplirent la dernière moitié de sa carrière ; c'est l'homme de lettres surtout que cette notice retrace, tandis que les Mémoires que nous publions font connaître l'adolescent et le jeune homme, dont les désirs flottent encore, et dont les goûts cherchent à se fixer. La peinture naïve des premières années d'un homme dont tous les ouvrages ont un caractère qui les distingue offre toujours quelque intérêt et une étude qui n'est peut-être pas sans fruit; telle est du moins l'opinion qui nous a engagé à publier un petit ouvrage qui est en quelque sorte le complément des écrits d'un auteur pour lequel le public a montré tant de bienveillance.

MÉMOIRES
D'UN JEUNE ESPAGNOL.

LIVRE PREMIER.

CHAPITRE PREMIER.

Ma naissance. Fortune de mon père; sa position. Mon éducation. Accident de mon frère.

Je suis né le 6 mars 1755, à Cogollos, petite ville du royaume de Grenade. Mon père était le huitième cadet d'un gentilhomme qui dissipait son bien avec les femmes et les maçons. Une seule de ces deux passions suffit pour ruiner l'homme le plus opulent; mais mon grand-père les possédait toutes deux; elles l'absorbaient si entièrement, qu'il s'occupa peu de sa nombreuse famille; mes tantes furent mises au couvent, mes oncles au service; mon père fut cornette au régiment d'Alcantara, cavalerie; il fit la guerre sous le fameux duc d'Albe; assista à trois de ses victoires ; et, après onze ans de service et beaucoup de blessures, il quitta la carrière de la gloire, qui n'est trop souvent que celle des désagrémens. Il devint amoureux de ma mère, et après quelques difficultés, causées par la différence des religions (ma mère était protestante), il l'obtint et l'épousa. Le père de ma mère lui donna tout son bien, mais en s'en réservant l'usufruit; et mon père, qui ne possédait rien et devait posséder fort peu de chose, crut encore faire un fort bon mariage : il fut heureux au moins; ils s'adoraient réciproquement, et ils passèrent les premiers temps de leur union à Cogollos, où ils vivaient fort à l'étroit; mais ils s'aimaient ; et quand on s'aime, on a bien moins de besoins. Je fus le premier fruit de cet amour. Un an après, ma mère accoucha d'un second fils, et mourut des suites de cette couche. Mon père fut inconsolable; il perdait sa compagne et son amie; il résolut de n'en prendre jamais d'autre et de ne plus penser qu'à l'éducation de ses enfans, et à leur faire une petite fortune.

La terre de Niaflor était tout ce qui restait à mon grand-père du patrimoine considérable qu'il avait dissipé, encore était-elle chargée de beaucoup de dettes. Mon père alla l'habiter, la cultiva, la laboura, pour ainsi dire, et se fit donner par ses autres frères la cession de leurs droits à cette terre, à condition qu'il en acquitterait les dettes. Mon grand-père, que ces soins auraient dû regarder, était à Murcie, occupé à plaider; car la passion des procès avait succédé chez lui à celle des femmes. Tandis qu'il consumait son temps et le peu qui lui restait à courir après les mauvais marchés qu'il avait faits, mon père nous élevait, et malgré la modicité de sa fortune, il ne négligeait rien pour notre éducation. A quatre ans nous fûmes mis en pension à Priégo, petite ville peu éloignée, chez une demoiselle qui tenait des pensionnaires : là nous apprîmes à lire et à écrire, et ce fut cette même année qu'il arriva un événement qui coûta depuis bien des larmes à mon père.

Le jour de la Saint-Jean 1759, mon père vint nous voir à Priégo; il était à cheval, suivi d'un domestique, et nous avait apporté beaucoup de fruits; dont mon frère mangea sans ménagement. Lorsque mon père voulut partir pour retourner à Niaflor; je le priai de me prendre sur son cheval, et de me conduire ainsi hors de la ville; il y consentit; jamais il n'a su me rien refuser. Il me prit donc sur l'arçon de sa selle, et mon frère fut placé de même entre les bras du domestique. Ce malheureux valet, craignant de laisser tomber le fils de son maître, le serra si fort sur l'estomac, que l'on rapporta mon frère mourant. On crut d'abord que ce n'était qu'une indigestion ; mais le mal devint plus sérieux ; il se forma une tumeur et ensuite un ulcère, qui ne s'est cicatrisé que bien des années après. Mon malheureux frère ne grandit plus ; sa santé ne fit qu'empirer, et il devint tout contrefait. Mon père le rappela près de lui, lui prodigua les soins les plus tendres, le fit voir à tous les médecins de la faculté de Grenade ; mais le mal fut déclaré sans remède : alors mon père se décida à le garder à Niaflor, et je restai seul en pension.

J'eus à peu près, dans ce temps-là, une maladie assez sérieuse, qui cependant m'épura le sang, et a sûrement beaucoup contribué à la bonne santé dont j'ai joui depuis ; c'était la petite-vérole volante ; j'en fus guéri au bout de quelques mois, et je ne quittai pas pour cela Priégo. Je n'avais guère que six ans lorsque la milice qui y était en garnison reçut ordre de partir, et on fit monter la garde aux bourgeois. Le gouverneur de la ville, ami de mon père, fit ses deux fils officiers de cette bourgeoisie ; et me fit moi-même sous-lieutenant. J'eus donc un uniforme, je montai la garde, et je commençais à me croire un petit être important, lorsque l'on nous congédia, et je perdis mon emploi. Je continuai à rester dans ma pension à Priégo jusqu'à l'âge de sept ans. A cette époque, je fis un voyage dont le récit exige que je reprenne les choses de plus haut.

CHAPITRE II.

Ce que c'était que mon oncle. Voyage à Pedrera. Séjour à Grenade. Singulière réception. Prompt retour.

Mon père avait un frère aîné dont il avait été le cornette pendant le temps qu'il avait servi. Ce frère, dont j'aurai souvent occasion de vous parler, avait quitté la maison paternelle pour entrer dans les dragons de la garde du roi. Le peu de tendresse que mon grand-père avait pour ses enfans lui fit presque oublier celui-ci dès qu'il ne le vit plus; mon oncle se vit donc abandonné à Madrid, et n'eut d'autre ressource que lui-même : il se répandit beaucoup, joua gros jeu, et heureusement; se fit aimer de beaucoup de femmes, et se passa aisément des secours que son père lui refusait. Mon oncle était fait pour les femmes. Né avec la plus grande complaisance, la plus grande discrétion, une persévérance infatigable et l'art heureux de savoir vivre pour les autres, il était très-aimable aux yeux de celles qu'il attaquait. Il obtint par ses maîtresses et par le cardinal Porto-Carrero, dont il était un peu parent, une compagnie de cavalerie; et après avoir servi long-temps avec agrément, il vendit sa compagnie pour épouser une femme à laquelle il était attaché depuis bien des années; mais le prix de cette compagnie ne le rendant pas bien riche, il courut auprès d'un de ses vieux oncles, qui demeurait à Pedrera, petite ville du royaume de Grenade, pour se faire nommer son héritier. Mon père sachant qu'il était peu éloigné de son frère, voulut aller l'embrasser, et trouva tout simple d'y mener son fils. Nous partîmes donc pour Pedrera, et nous nous arrêtâmes à Grenade : j'y fus présenté au duc d'Aveyro, notre vice-roi. Le hasard me fit connaître de la duchesse son épouse : j'étais à la comédie, et mon père m'avait habillé en houssard. Ma figure ou mon habit fut remarqué de la duchesse d'Aveyro, qui me fit venir dans sa loge : elle me dit que j'avais de fort beaux yeux, mais qu'ils étaient un peu trop grands. Le hasard fit que je lui répondis qu'ils ne le seraient jamais assez pour la regarder. Je n'avais que sept ans, ma réponse lui plut; elle me fit souper chez elle, et je fus comblé de caresses et de bonbons.

Nous continuâmes notre route, et nous arrivâmes à Pedrera. Mais quelle fut notre surprise à la réception que l'on nous fit. Le vieux richard crut que mon père venait pour enlever, ou du moins partager le fortune qu'il pouvait donner, et n'eut pas l'art de déguiser cette crainte. Mon père, peu content de l'accueil, partit le lendemain de son arrivée, et retourna dans sa terre, un peu piqué du succès de son voyage.

Son premier soin fut de me conduire à Santa-Fé, dans une espèce de collège où je restai près d'une année, me perfectionnant dans la lecture et dans l'écriture, sans apprendre rien au-delà; car je compte pour rien certaines leçons que l'on nous enseignait comme à des perroquets, et que nous débitions ensuite sur un théâtre construit pour attirer des pensionnaires au principal du collège. Peu de temps après, ce collège fut transféré à Priego, où j'avais été élevé : j'y restai quelque temps encore, et j'avais près de neuf ans, lorsque mon père résolut de me faire inoculer.

CHAPITRE III.

Inoculation. Ce que c'était que ma tante. Départ du royaume de Grenade.

L'INOCULATION n'était pas alors aussi en vogue qu'aujourd'hui; elle avait beaucoup d'ennemis dans

le royaume de Grenade. Ce pays, le plus beau de
l'Espagne pour le climat, est aussi le plus supersti-
tieux ; tous ceux qui me voyaient faire les préparatifs nécessaires pour être inoculé me regardaient
comme perdu; et l'on disait que mon père serait
sûrement puni de sa hardiesse *à tenter Dieu ;* c'était
l'expression dont se servaient beaucoup de Grenadins
et toutes les dévotes grenadines : mon père ne s'en
disposait pas moins à rassurer mes jours contre une
maladie mortelle, et il avait loué une maison à
Guadix, de concert avec un de ses voisins qui voulait aussi *tenter Dieu*, et faire inoculer sa fille. Cette
jeune personne, appelée Séraphine, n'avait qu'un
an de moins que moi, et promettait déjà de faire
du bruit par ses charmes. Nos deux pères se firent
un plaisir de nous faire inoculer ensemble, et l'on
nous conduisit à Guadix. Séraphine et moi nous
habitions la même chambre; nos deux lits étaient
l'un contre l'autre; nous ne nous quittions pas; nous
nous aimions de tout notre cœur, nous nous pro-
mettions de nous aimer toujours; nous nous embrassions avec un plaisir au-dessus de notre âge : nous
savions déjà faire la différence des baisers de l'a-
mour à ceux de la simple amitié; car les baisers que
je donnais à Séraphine devant son père ne ressemblaient point du tout à ceux que j'imprimais sur ses
lèvres quand nous étions sûrs de n'être pas vus.

Pendant le repos que la petite-vérole nous laissa, Séraphine et moi nous nous enfermions souvent ensemble. Je me rappelle avec plaisir tout ce que nos cœurs se disaient ; et le temps de mon inoculation est une époque dont je me souviendrai toujours avec délices ; toutes les circonstances m'en sont présentes ; je n'ai jamais oublié les sermens que me faisait Séraphine. Vous verrez qu'elle ne s'en souvint pas aussi bien.

Dès que je fus guéri, mon père me ramena à Niaflor, où je passai quelque temps à ne faire autre chose que tuer des oiseaux, et lire les livres que je pouvais trouver dans la vieille bibliothèque du château. Mon père, qui me destinait au service, aimait à me voir manier un fusil à huit ou neuf ans ; il me donnait de la poudre, du plomb ; je courais les champs tout seul, tuant fort bien des moineaux, et le soir je revenais au château rapporter ma chasse, et lire quelque livre : celui qui me plaisait le plus, était la traduction de l'Iliade d'Homère ; les exploits des héros grecs me transportaient ; et lorsque j'avais tué un oiseau un peu remarquable par son plumage ou par sa grosseur, je ne manquais pas de former un petit bûcher avec du bois sec au milieu de la cour ; j'y déposais avec respect le corps de Patrocle ou de Sarpédon, j'y mettais gravement le feu, et je me tenais sous les armes jusqu'à ce que le corps de mon héros fût consumé; alors je recueillais ses cendres dans un pot que j'avais volé à la cuisine, et j'allais porter cette urne à mon grand-père, en lui nommant celui dont elle renfermait les restes. Mon grand-père riait, et m'aimait beaucoup; il était revenu de Murcie finir ses jours tranquillement avec son fils : quoique âgé de plus de quatre-vingt-dix ans, il travaillait continuellement : né avec beaucoup d'esprit, et d'une vivacité prodigieuse, il était le même qu'il avait toujours été, et ses années ne l'avaient pas vieilli.

J'avais dix ans, la chasse et l'Iliade partageaient mes jours, lorsque cet oncle dont je vous ai parlé écrivit à mon père de me conduire chez don Lope de Véga, à Fernixo (1), dans le royaume de Valence. Voici la première époque intéressante de ma vie : il faut, pour vous mettre au fait, que je reprenne l'histoire de mon oncle.

Après s'être fait donner tous les biens du vieux oncle de Pedrera, il l'engagea à vendre une terre qu'il avait, pour venir à Madrid se mettre en pension dans la maison qu'il comptait tenir avec celle qu'il allait épouser. Le vieux oncle fit tout ce qu'il

---

(1) On a vu, dans l'Avertissement de l'Éditeur, que c'est le nom sous lequel Florian désigne Voltaire et son habitation de Ferney.

voulut, et, après la vente de la terre, ils partirent ensemble pour Madrid. Un attachement de vingt années faisait désirer à mon oncle et à dona Ferenna que leur mariage se terminât. Il est temps de vous faire connaître dona Ferenna : c'était alors une femme de quarante ans, veuve d'un magistrat qui lui avait laissé un fils dont je vous parlerai ci-après. Elle était grande, bien faite, bonne, assez bien de figure. Elle portait dans ses yeux tout l'esprit qu'elle avait, et personne n'en eut un plus juste et plus fin : elle était tendre, compatissante, toujours prête à tout sacrifier à la personne qu'elle aimait, mais quelquefois impérieuse et exigeante; voilà les deux seuls défauts que ma reconnaissance pour elle m'a permis de voir. Mon oncle fut assez heureux pour lui plaire et pour l'épouser. Ils vécurent tantôt à Madrid, tantôt dans une terre dont ma tante avait l'usufruit. Peu de temps après ce mariage, mon oncle eut le malheur de se brouiller avec ce vieux oncle, son bienfaiteur; des tracasseries domestiques les forcèrent de se séparer, et le vieillard mécontent n'a cessé jusqu'à sa mort de se plaindre de mon oncle.

Comme ma tante était propre nièce de Lope de Véga, elle engagea son époux à aller passer un été chez ce grand homme, qui s'était alors fixé à Fernixo, dans le royaume de Valence; ce n'était pas le premier voyage qu'y faisait mon oncle ; aussi saisit-il avec empressement l'occasion d'y retourner. Ce fut de là qu'il écrivit à mon père de le venir voir et de m'amener avec lui. On employa peu de temps à faire mon équipage. Je pris congé de mon grand-père, qui me dit bien en m'embrassant que c'était la dernière fois. Je quittai mon frère, toujours malade des suites de son accident, et enfin mon père et moi primes la route de Fernixo. Nous rencontrâmes à Guadix le père de Séraphine qui la conduisait avec sa sœur à Carthagène, pour y achever leur éducation. J'eus le plaisir de voyager avec la belle Séraphine; car nos deux pères se mirent dans la même voiture, et laissèrent leurs enfans dans l'autre. A Carthagène, nous nous séparâmes, et mon père et moi continuâmes notre route vers Fernixo.

CHAPITRE IV.

Début à Fernixo. Bataille des pavots.

Ce fut au mois de juillet 1765 que j'arrivai chez le premier homme de l'Europe. J'y trouvai cet oncle et cette tante que je vous ai déjà dépeints : ils me comblèrent de caresses, et me présentèrent à Lope de Véga et à dona Nisa (1), sœur de ma tante, et nièce comme elle de ce grand génie. Il serait trop long de vous dire toutes les bontés dont me combla cette dona Nisa : elle faisait les honneurs de la maison de son oncle, et avec son caractère, que je vous dévoilerai dans peu, il était impossible qu'elle ne les fît pas bien. Mon père, enchanté de l'accueil que nous avions reçu, convint avec mon oncle d'une certaine somme qu'il lui paierait tous les ans pour mon éducation, et partit pour retourner dans sa terre, après m'avoir recommandé à son frère et à sa belle-sœur. Cette recommandation était inutile; ma tante avait pris beaucoup d'amitié pour moi, et cette amitié augmentait tous les jours.

Je n'avais que dix ans; je savais bien que Lope de Véga était supérieur par son génie au reste des hommes; mais j'étais peu en état de sentir cette supériorité; le respect que j'avais pour lui était mêlé de beaucoup de crainte; quinze jours suffirent pour la dissiper. Lope de Véga me fit tant de caresses, que bientôt il devint celui de sa maison que j'aimais le mieux. Souvent il me faisait placer auprès de lui à table; et tandis que beaucoup de personnages,

---

(1) Madame Denis.

qui se croyaient importans, et qui venaient souper chez Lope de Véga pour soutenir cette importance, le regardaient et l'écoutaient, Lope se plaisait à causer avec un enfant. La première question qu'il me fit, fut si je savais beaucoup de choses. Oui, monsieur, lui dis-je, je sais l'Iliade et le blason. Lope se mit à rire, et me raconta la fable du marchand, du pâtre et du fils du roi: cette fable et la manière charmante dont elle fut racontée me persuadèrent que le blason n'était pas la plus utile des sciences, et je résolus d'apprendre autre chose.

Lope de Véga avait un aumônier (1) pour faire sa partie d'échecs. Cet aumônier avait été jésuite, et savait assez bien le latin; ma tante le pria de vouloir bien m'en donner les premiers principes. On m'acheta des livres; on me fit faire des thèmes; et comme j'étais souvent embarrassé pour mettre en latin ce que je n'entendais pas trop bien en français, je m'en allais par la garde-robe de Lope le prier de me *faire ma phrase* ; ce grand homme, que j'interrompais quelquefois au milieu d'une tragédie, ne se fâchait jamais; *il me faisait ma phrase* avec tant de bonté, que je m'en retournais toujours croyant que c'était moi qui l'avais faite: l'aumônier trouvait mon thème excellent; on le lisait dans le salon, on le

(1) Le père Adam.

Jeunesse P. 15.

montrait comme un petit chef-d'œuvre à Lope de Véga; qui disait en souriant que c'était fort bien pour mon âge.

Ma tante, qui m'aimait beaucoup, et qui avait à cœur mon éducation, cherchait à y contribuer autant qu'elle pouvait. Tous les jours, à sa toilette, je venais lire haut le Télémaque de Fénélon, et le Siècle de Louis XIV; elle me demandait mes réflexions sur mes lectures, elle s'efforçait de rendre mon esprit juste, et personne n'était plus en état qu'elle de donner de telles leçons. J'aimais beaucoup mon maître, et je voyais bien que j'en étais aimé; je travaillais au latin avec plaisir et succès; mes lectures m'instruisaient davantage, mais ne m'amusaient pas autant que cette Iliade que j'avais si souvent relue chez mon père; mes héros grecs étaient toujours dans ma tête, et je résolus de bien repasser toutes leurs actions dans le jardin de Lope de Véga. Dans ce jardin il y avait plusieurs carrés de fleurs, et parmi ces fleurs les plus beaux pavots du monde élevaient leurs têtes panachées; toutes les fois que je passais près d'eux, je les regardais de côté, en disant tout bas : Voilà de perfides Troyens qui tomberont sous mes coups; je donnais à chacun d'eux le nom d'un fils de Priam, et le plus beau des pavots s'appelait Hector.

Pour rendre l'illusion plus complète, je m'étais

fait une épée de bois, que j'imaginais avoir été forgée par Vulcain : cette épée était fatale aux pavots; souvent j'entrais dans les carrés pour ôter la vie à quelque Troyen ; mais, pour mieux suivre la vérité de cette histoire, je ne faisais pas grand carnage ; j'étais toujours repoussé jusqu'à mes vaisseaux, qui étaient de fort jolis cabinets de charmille : là je me reposais en attendant que la colère d'Achille fût passée et qu'il revînt au secours des Grecs. Enfin ce grand jour arriva : la mort de Patrocle fit courir le fils de Pélée à la vengeance ; je m'arme de ma terrible épée, et, malgré les efforts des ennemis, j'entre dans un des carrés et je coupe la tête à mille pavots ; non content de tant de héros immolés aux mânes de mon ami, je passe dans un autre carré. En vain le Xanthe en fureur veut s'opposer à mon courage, je brave les eaux du Xanthe, et je fais mordre la poussière à tous les pavots qui s'offrent à mes coups. Déjà Déiphobus n'est plus, Sarpédon ne voit plus la lumière, Astéropée est tombé sous mes coups ; le champ de bataille est couvert de morts et de mourans : ce n'était pas assez ; Hector restait, Hector, le meurtrier de Patrocle ! le meurtrier de mon ami ! Hector levait une tête superbe et semblait braver ma fureur ; je m'élance vers lui ; déjà mon épée était prête à lui porter le coup mortel. Tendre Andromaque, malheureux Astyanax, tremblez,

Hector va périr, il va tomber sous le fer d'Achile. Un bonheur inespéré sauva la vie à Hector : Lope de Véga parut au moment où j'allais porter le coup mortel au héros de Phrygie. Lope me regardait depuis une demi-heure, coupant la tête à tous les pavots; il voulut sauver le superbe Hector, et me demanda doucement le motif de ma fureur. Je lui dis que je repassais mon Iliade, et que, dans ce moment j'étais devant les portes de Scées où Hector devait périr. Lope de Véga rit beaucoup, et me laissant continuer mon combat, il courut raconter ma victoire dans le palais de Priam.

CHAPITRE V.

Fête à Fernixo.

Les soins et les bontés que l'on me prodiguait à Fernixo m'empêchaient de regretter la maison paternelle; d'ailleurs ce beau château était le centre des fêtes et des plaisirs. Les plus grands seigneurs de l'Europe venaient tous admirer le grand homme qui y résidait; une foule d'étrangers, toujours nouvelle, venait assister aux spectacles que donnait

Lope de Véga. Il faisait jouer ses pièces dans une salle qu'il avait bâtie exprès, et la signora Clairon, cette actrice qui fit tant de bruit en France, vint jouer sur son théâtre et passer quelque temps avec lui ; elle enchanta tout le monde par ses talens : moi, qui n'avais que dix ans, je fus enchanté de sa figure ; je ne la quittais jamais, on me trouvait toujours dans sa chambre, et l'aumônier se plaignit que mes thèmes n'allaient plus si bien. Ma tante fut bien aise que l'on me donnât de petits rôles, et je jouai deux ou trois valets dans des comédies de Lope de Véga. La signora Clairon avait la bonté de me faire répéter. Je prenais aisément ses inflexions de voix, et lorsqu'elle me donnait mes leçons, je voulais toujours les prendre à ses genoux. A la représentation je fus fort applaudi. Don Lope me donna un diamant pour marque de son amitié, et la belle signora, ma maîtresse, m'embrassa plusieurs fois : ce que j'aimais bien mieux que le diamant de Lope.

Ce grand homme voulut donner une fête à la belle actrice ; et cette fête fut d'autant plus agréable, que les apprêts s'en firent sans qu'elle s'en doutât. Les vers que fit don Lope pour cette fête ne sont pas les meilleurs qu'il ait faits dans sa vie, mais comme tout ce qui vient d'un homme célèbre intéresse toujours, surtout lorsque peu de gens le connaissent, je vais rapporter fidèlement et en détail la fête donnée à la signora Clairon.

C'était au mois d'août, le jour de sainte Claire; le soleil était couché depuis long-temps; les fenêtres ouvertes du salon laissaient entrer un vent si doux, que mille bougies allumées n'en étaient pas agitées; tout le monde assemblé autour de la divine actrice racontait avec plaisir combien elle avait fait verser de larmes à sa dernière représentation. Tout à coup on annonce un berger et une bergère, qui venaient apporter un bouquet à la belle Aménaïde; nous entrons, j'étais vêtu de blanc, et mon habit, mon chapeau et ma houlette étaient garnis de rubans roses. Une jeune fille, vêtue de même, soutenait avec moi une grande corbeille pleine de fleurs : nous nous approchons de celle pour qui nous les avions cueillies : tout le monde fait cercle; Lope se cache modestement derrière le fauteuil de la fière Electre, et nous chantons le dialogue suivant, qui avait coûté un quart d'heure de travail à don Lope. Nous essayons de le traduire en français, en prévenant qu'il perd beaucoup à la traduction.

Sur l'air : *Annette à l'âge de quinze ans.*

LA BERGÈRE.

Dans la grand'ville de Paris,
On se lamente, on fait des cris :

Le plaisir n'est plus de saison ;
   La comédie
   N'est plus suivie ;
Plus de Clairon.

LE BERGER.

Melpomène et le tendre Amour
La conduisirent tour à tour ;
En France elle donna le ton.
   Paris repète :
   Que je regrette,
Notre Clairon.

LA BERGÈRE.

Dès qu'elle a paru parmi nous,
Les bergers sont devenus fous :
Tyrcis a quitté sa Fanchon.
   Si l'infidèle
   Trahit sa belle,
C'est pour Clairon.

LE BERGER.

Je suis à peine à mon printemps,
Et j'ai dejà des sentimens.

LA BERGÈRE.

Vous êtes un petit fripon.

LE BERGER.

   Sois bien discrète,
   La faute est faite :
J'ai vu Clairon.

TOUS DEUX ENSEMBLE.

Clairon, daigne accepter nos fleurs ;

Tu vas en ternir les couleurs ;
Ton sort est de tout effacer.
> La rose expire,
> Mais ton empire
> Ne peut passer.

La signora, transportée, s'élança au cou de Lope de Véga, et m'embrassa moi-même plusieurs fois; elle accepta notre corbeille, au fond de laquelle elle trouva une superbe robe de Perse; mon oncle, toujours galant, se précipita à ses pieds pour obtenir la permission de la broder en or au tambour. La signora était encore occupée à remercier, lorsque deux ou trois fusées lui firent porter les yeux vers le jardin, où l'on tirait un superbe feu d'artifice. Après le feu, on alla souper à une table dont le dais était de guirlandes ; je fus placé près d'Aménaïde ; l'on but du Tokai à sa santé ; l'on me fit répéter ma chanson, et, au moment où je la finissais, don Lope, qui était très-gai, se mit à chanter d'une voix entrecoupée ce couplet qu'il venait d'ajouter.

> Nous avons vu mourir Vanlo,
> Nous venons de perdre Rameau,
> Nous avons vu quitter Clairon.
>> Quel sort funeste !
>> Mais il nous reste
>> Monsieur F.....

Toute la table répéta en chœur le couplet de don Lope, l'on se leva pour aller danser, et l'on ne quitta le bal que pour admirer le plus beau spectacle que les yeux puissent voir, c'est le soleil levant à Fernixo. Fernixo est entouré de montagnes couvertes de neige en tout temps; dès que les premiers rayons du soleil viennent les frapper, on voit l'or se répandre lentement et par degrés sur les sommets glacés que l'œil peut à peine mesurer; cette vive lumière descend des montagnes pour venir éclairer un pays superbe, et se réfléchir dans un lac qui couvre sept lieues d'étendue. Le chant des oiseaux qui saluent le jour, le bruit et les chansons des paysans qui vont couper les épis qu'ils ont fait éclore, le coup d'œil d'un fleuve majestueux qui sort en bouillonnant du lac, et roule avec impétuosité une onde assez rapide pour ne pas se mêler à ses eaux; une ville bâtie sur ses bords et qui repose la vue : tel est le spectacle dont on pouvait jouir dans les jardins de Fernixo : tout le monde l'admira, et fut se coucher.

CHAPITRE VI.

Portraits.

J'aurais dû vous faire plus tôt, mon cher lecteur, le portrait de dona Nisa, la sœur de ma tante. C'était alors une femme de cinquante-cinq ans, qui joignait à de l'esprit beaucoup de talens et une excessive bonté : elle poussait même cette dernière qualité jusqu'à la faiblesse; on lui reproche d'avoir été galante dans son jeune temps; je le crois aisément, et cela doit être. Dona Nisa n'est heureuse qu'autant qu'elle est subjuguée; son ame a tellement besoin d'être remplie, qu'elle aimerait plutôt une poupée que de ne rien aimer du tout. Généreuse et noble jusqu'à la profusion, jalouse du mérite des autres femmes, inconstante dans ses goûts, et oubliant aussi vite les injures que les services. Elle avait alors avec elle une petite-fille du grand Caldéron (1), le père du théâtre espagnol, que don Lope avait élevée, dotée, et mariée à un capitaine de dra-

(1) Le grand Corneille.

gons, nommé don Podillo. Pendant le temps que j'étais à Fernixo, dona Podilla accoucha d'une fille que dona Nisa adopta dès cet instant. Dans la suite de ces mémoires j'aurai plusieurs choses à vous raconter de la jeune Podilletta.

Au bout de trois mois de séjour à Fernixo, il fallut le quitter, et je pris à regret la route de Madrid, où mon oncle et ma tante allaient passer l'hiver. Le premier plan de mes parens, en me faisant venir du royaume de Grenade, avait été de me mettre en pension à Madrid ; mais l'amitié vive que ma tante avait prise pour moi dérangea ce projet, et il fut décidé que je ne la quitterais pas et que j'aurais un précepteur. Je méritais la tendresse de ma tante par celle que j'avais pour elle; jamais je n'avais su ce que c'était qu'une mère ; c'est elle qui m'apprit comment on les aimait.

A notre arrivée à Madrid, nous fûmes reçus par M. l'abbé Marianno (1), frère de ma tante, et don Avilas, son fils du premier lit. Ces deux messieurs avaient loué une maison dans la rue de Léon, pour l'habiter avec mon oncle et ma tante : je fus tout étonné d'y trouver mon appartement ; on m'habilla comme un petit seigneur ; j'eus un laquais, et l'on chercha partout un précepteur.

(1) L'abbé Mignot.

Nous restâmes peu de temps à Madrid : nos parens allèrent passer les mois d'octobre (1765) chez un don Bornillo, dont la ruine a fait depuis beaucoup de bruit en Espagne. Il habitait alors la terre de son nom, à quinze lieues de Madrid. L'opulence qui régnait dans ce château était à peu près comme celle qui régnait à Fernixo : nous y fûmes très-bien reçus, et, pendant le temps que nous y passâmes, tout ce que la chasse et la pêche peuvent avoir de plus agréable contribua à nos plaisirs. Don Avilas, le fils de ma tante, nous y avait suivis ; il n'avait alors que vingt-quatre ans, et était membre du conseil de Castille. Je suis trop son ami pour risquer de faire son portrait. Don Avilas était très-estimé dans son corps, et, quoique bien jeune, il avait beaucoup de vieux amis. Il s'intéressa à moi dès ce temps-là, et cet intérêt n'a fait qu'augmenter depuis.

Après un mois de séjour à Bornillo, nous revînmes à Madrid. Comme l'on ne m'avait point encore trouvé de précepteur, ma tante pria son frère l'abbé Marianno de vouloir bien me continuer mes principes de latin. Je fus donc l'écolier de l'abbé Marianno, et j'ai maudit plus d'une fois mon maître : c'était un homme de quarante ans, qui avait beaucoup d'esprit et de l'érudition ; éloquent, plein de feu, avide de travail, vertueux jusqu'au fanatisme, juge sévère des actions d'autrui, entier dans son opinion, fier de ne l'avoir jamais fait plier à celle d'un autre; faisant le bien par plaisir, mais disant du mal trop publiquement de ceux qu'il n'estimait pas. Son estime était difficile à acquérir ; il fallait être bien plus parfait que lui-même pour qu'il vous en crût digne; et si par malheur vous lui aviez déplu une fois, son implacable austérité n'oubliait jamais votre faute, et la rappelait toujours ou à vous-même, ou à vos amis. L'abbé Marianno était tel, en un mot, qu'il était aussi difficile de l'aimer que de ne le pas estimer. Il eut la bonté de me donner des leçons ; mais je tremblais en entrant dans sa chambre : ses railleries amères m'humiliaient presque toujours. On regarde comme un grand bien d'abattre l'orgueil d'un enfant : on a raison sans doute de combattre sa vanité ; mais lorsque le combat est perpétuel, l'enfant toujours battu, ou perd nécessairement de la force et de l'énergie de son caractère, ou, si cette énergie est assez forte pour résister, elle se tourne contre le continuel agresseur qui la tourmente; l'âge vient, et l'impression reste. L'enfant, devenu homme, se souvient des terribles leçons qu'on lui a données, et, en payant le tribut de reconnaissance qu'il vous doit, il vous refuse avec joie ce dont la nature lui laisse la liberté, sa confiance.

Enfin, l'on me trouva cependant un précepteur; il s'appelait Bovino. Cet homme, né avec de l'esprit et beaucoup de connaissances, ne laissa pas de m'avancer dans mon latin pendant le peu de temps que je restai avec lui. Il se livrait cependant moins à l'éducation de son pupille qu'à son goût pour l'art dramatique : le succès qu'a eu depuis sa tragédie des Chérusques semble prouver qu'il n'était pas sans talens.

CHAPITRE VII.

Mes précepteurs.

Pendant l'hiver que nous passâmes à Madrid, je menai une vie douce et agréable ; ma tante donnait à souper deux fois par semaine, et familiarisait mon enfance avec le monde : elle s'était chargée de mes lectures, et avait l'art de me faire lire avec fruit. Son grand désir était de me rendre l'esprit juste, et tous les matins je lui portais l'extrait de ce que nous avions lu la veille; ces extraits, en me rappelant les faits, m'apprenaient à écrire et à narrer ; ma tante corrigeait mes extraits ; et, lorsqu'elle était contente de mon travail, ma récompense était d'aller à la Comédie Française : je jouissais souvent de ce plaisir. Elle avait la moitié d'une loge, et elle regardait le spectacle comme une partie de l'éducation. Nous allions donc toujours ensemble à la comédie; mon oncle nous y menait, et nous laissait ensuite pour aller voir ses connaissances particulières. J'écoutais la pièce avec attention, parce que je savais que ma tante m'en demanderait compte : cette manière de m'amuser m'instruisait à sentir et à rendre ce que je sentais. Mon précepteur avait assez d'exactitude pour m'être utile, et pas assez pour me gêner. Don Avilas et l'abbé Marianno prenaient de l'amitié pour moi, et se plaisaient à me faire de ces petits présens qui rendent si heureux les enfans : je m'instruisais, je m'amusais, j'étais content, lorsque Bovino, mon précepteur, nous quitta. Bovino ne voulut point venir à la campagne, et nous donna à sa place un certain Hecco, qu'il assura nous convenir parfaitement ; on le prit sans examen, parce qu'on était à la veille d'un départ : la belle saison rappelait mes parens à une terre dont ma tante avait l'usufruit. Cette terre était dans les Asturies; mon oncle l'aimait beaucoup, de sorte qu'à peine les beaux jours commencèrent, que, prenant congé de l'abbé Marianno et de don Avilas, nous nous mîmes en chemin pour les Asturies. La terre où nous allions s'appelait Avilas, et n'est pas à une grande distance de Madrid. C'est un endroit peu agréable; la maison, mal bâtie, a plutôt l'air d'une ferme que d'un château; peu de promenades, point d'eau, un pays plat et sans vue : voilà la position d'Avilas; mais le voisinage dédommageait de la situation. La marquise de Caréva avait une terre auprès, et y vint passer l'été. Dona Sachéra, nourrice de Sophia, fille du roi, vint aussi chez son fils l'abbé de Santo-Pedro, dont l'abbaye était à un quart de lieue d'Avilas. Cette dona Sachéra avait une nombreuse famille, et tout ce monde répandait beaucoup de gaieté dans la maison de mon oncle, qui était leur rendez-vous commun. J'étais pendant ce temps sous la férule de mon précepteur Hecco. Peu de jours suffirent pour nous apercevoir de son incapacité; il ne savait pas un mot de latin; on le congédia, après s'être assuré d'un autre à Madrid. Le malheureux Hecco s'en alla, et, n'ayant plus de ressource, il se passa son épée au travers du corps; il ne se tua pas, et don Avilas le servit en empêchant la poursuite de cette malheureuse affaire. L'abbé Marianno, qui s'était chargé du soin de me trouver un précepteur, nous envoya un certain abbé Bertillo, dont la science était assurément la seule qualité : cet homme vint me joindre à Avilas, et je fus mis sous sa discipline. Jamais il n'y en eut de plus dure : il me battait, toutes les fois qu'il n'avait rien à faire, avec une certaine règle qui ne le quittait pas, et presque toujours il était oisif. Enfin j'eus le courage de m'en plaindre à ma tante; et l'abbé Bertillo fut renvoyé. Le vicaire d'Avilas se chargea de corriger mes versions en attendant un quatrième précepteur, qui ne tarda pas à arriver; il s'appelait l'abbé Bonino, et ne savait que médiocrement son latin. Comme nous étions près de notre départ pour Madrid, nous l'emmenâmes avec nous.

L'hiver que je passai à Madrid fut exactement le même que le précédent. Mes études, un maître à danser, les spectacles, et les soupers de ma tante, partageaient mon temps. L'abbé Bonino m'en laissait perdre beaucoup, et courait fréquemment les rues de Madrid. Je me souviens qu'il me menait souvent chez une demoiselle qui demeurait rue des Prêtres, à un cinquième étage. Cette personne peignait des éventails, mais elle quittait la peinture pour recevoir mon précepteur. Je remarquais qu'elle avait toujours quelque chose à lui dire en particulier, ce qui les obligeait de passer dans la chambre d'à côté; je restais dans la première pièce, où je me souviens qu'on me laissait toujours un gros chat pour me divertir.

Peu de mois passés à Madrid firent ouvrir les yeux à ma tante sur l'abbé Bonino : le malheureux

Jeunesse P. 32.

penchant qu'il avait à l'ivrognerie la détermina à le renvoyer; et comme j'avais été jusqu'alors très-malheureux en précepteurs, elle résolut de me mettre en pension chez un cartain abbé Chocardo qui demeurait à la barrière Saint-Dominique : tout fut arrangé pour que j'y fusse placé; j'allai même y faire ma première visite, et je devais y entrer huit jours après, lorsqu'une tragédie dérangea tous ces projets.

CHAPITRE VIII.

Année intéressante.

Don Lope de Véga fit jouer alors sa tragédie des Scythes. Je voulus absolument la voir; et comme ma tante ne me refusait rien, elle suspendit mon entrée à la pension de l'abbé Chocardo. Pendant ce temps une amie de ma tante lui indiqua un précepteur qu'elle assura lui convenir parfaitement : la peine que mes parens avaient à se séparer de moi leur fit encore essayer ce dernier, et au lieu d'entrer en pension, mon oncle prit ce nouveau précepteur, qui s'appelait Vrido. Le temps de quitter Madrid était venu; nous partîmes donc pour Avilas, et nous emmenâmes Vrido avec nous. Mes parens n'eurent point à se repentir de l'avoir pris: c'était un homme bien au-dessus de son état, plein d'esprit et d'érudition, de mœurs irréprochables, et fait, en un mot, pour rendre son disciple vertueux, aimable et instruit. Vrido ne tarda pas à s'attacher à moi; je le lui rendis de tout mon cœur, et cet attachement ne finira qu'avec moi.

J'étais dans ma douzième année, je commençais à penser et à sentir; j'eus alors une petite idée de l'amour, un peu plus forte que toutes celles que vous avez pu remarquer. Je fis connaissance avec les nièces du poète Tegrès (1): la cadette me plut beaucoup; et pendant un petit séjour que nous allâmes faire à leur château, j'étais aux petits soins avec celle que j'aimais. Je peux dater de cette époque mon premier sentiment ressemblant un peu à l'amour; la ressemblance était bien légère, car je vis fort peu cette cadette, et je l'oubliai tout aussi vite que je m'en étais épris.

Mon oncle, qui me destinait au service, m'acheta un petit cheval pour me donner les premiers principes de l'équitation. La possession de ce cheval fut un des plaisirs les plus vifs que j'aie sentis: j'aimais

---

(1) Les nièces de Gresset.

beaucoup mon petit coursier, qui était une jument : je lui avais donné le nom de Biche; je la parais de fleurs et de rubans, je lui faisais des vers, et le cœur me saigne encore en me rappelant que je fis accoucher ma Biche avant terme, pour l'avoir galopée pendant deux lieues dans le temps de sa grossesse. Biche était pourtant tendrement aimée, et elle a dû me regretter d'autant plus, que de mon écurie elle a été finir ses jours dans un moulin.

Pendant le cours de cet été, ma tante fit connaissance avec un gentilhomme des environs, père de trois filles assez aimables. Elles étaient fort jeunes, et plurent infiniment à ma tante, qui les prit en amitié, les attira chez elle, et, les traitant comme ses filles, leur donna cet usage du monde et ce vernis qu'on n'acquiert guère qu'à Madrid.

Ces trois signora avaient une femme de chambre nommée Joséphine, que je trouvai charmante ; elle était effectivement jolie, et j'allais dans sa chambre le plus souvent que je le pouvais. Mon amour pour Joséphine me donna, pour la première fois, l'idée de la jalousie; je n'aimais point que personne vînt parler à Joséphine; et un jour que mon précepteur voulut l'embrasser par plaisanterie, je tirai exprès la chaise de Joséphine, qui tomba et se blessa : je fus enchanté de ce que cet accident l'empêchait d'être embrassée. Ses maîtresses se moquaient de mes amours avec leur femme de chambre ; leurs plaisanteries me déplurent. Ce qui acheva de m'aigrir contre elles, c'est qu'elles chassèrent Joséphine, et que je ne vis plus l'objet de mes amours.

Cependant Vrido ne me laissait pas négliger mon latin; j'avançais assez rapidement; j'expliquais Horace et Virgile; ma tante, qui voulait cultiver la mémoire dont le ciel m'avait doué, me faisait apprendre par cœur le poëme de Lope de Véga ; lorsque je disais un chant sans faute, ma récompense était douze réales, et comme ce poëme avait dix chants, il me valut une piastre. Souvent l'on m'en faisait déclamer les morceaux les plus beaux ; on applaudissait mes talens, et mon petit amour-propre préférait une louange aux douze réales de ma tante. Mes jours se passaient gaiement; car, outre la société des trois beautés que Joséphine servait, nous avions toujours beaucoup de monde. Un nouvel hôte vint mettre le comble à mon bonheur.

Un jour, je m'en souviendrai toute ma vie, j'allais monter à cheval, je descendais l'escalier de ma chambre, lorsque j'aperçois à quelques marches de moi, qui?... mon père, mon père que je n'avais pas vu depuis deux ans, mon père, que je croyais à deux cents lieues de moi. Je me précipitai dans ses bras, la joie me fit pleurer à chaudes larmes; je fus un quart d'heure sans pouvoir prononcer un mot; je sanglotais et j'embrassais mon père. Mon oncle et ma tante furent émus de la vive sensation que j'éprouvais ; il reçurent leur frère avec tendresse, et je me livrai à la mienne avec toute la vivacité que Dieu m'a donnée. Ce fut alors que j'appris la mort de mon grand-père : je le regrettai, quoique je ne l'eusse guère vu ; mais il était bon, il m'aimait, et nous serions trop malheureux s'il nous en fallait davantage pour chérir et pleurer quelqu'un. Il avait fait mon père son héritier universel, et ce testament lui assurait la possession incontestable de la terre de Niaflor.

L'arrivée de mon père décida mon oncle et ma tante à passer leur hiver à Avilas ; d'ailleurs ils avaient besoin de raccommoder leurs finances, qu'un trop long séjour à Madrid avait dérangées. Je ne fus point fâché de ce projet ; je restai auprès de mon père, et nous avions de la société : un commandeur de Malte et une chanoinesse, sa nièce, passaient l'hiver dans leur commanderie, fort près d'Avilas. Les signora Crinitto venaient souvent nous voir ; l'aînée, âgée d'environ vingt-deux ans, n'était pas jolie, mais elle était douce et honnête ; la seconde, nommée Henriette, était assez bien de figure, grande, bien faite, peu d'esprit, mais beaucoup de bon sens ; la troisième, la signora Gornilla, était la plus jolie et la plus spirituelle, mais elle était un peu contrefaite, et visait à l'épigramme, sans avoir assez de saillies pour soutenir avec agrément ce genre dangereux et brillant. L'abbé Marianno vint aussi nous voir et mit de la gaieté dans la maison; l'hiver s'écoulait insensiblement : mon père était toujours avec Vrido et moi; quelquefois nous allions ensemble à la chasse, que j'aimais assez; mes études allaient bien, et cette année est une des plus douces de ma vie. Le départ de mon père me la fit regretter plus d'une fois. Au mois de mars 1768, il reprit la route du royaume de Grenade : cette séparation me coûta infiniment; j'aimais mon père plus que moi, et je l'aimais d'autant plus, que jusqu'alors je n'avais guère aimé que lui. Je fus bien long-temps à me consoler de sa perte; je m'enfermais pour pleurer son absence, et Vrido n'était pas fâché de mon chagrin.

Ce fut dans cet instant que l'on me fit faire ma première communion. Jusqu'alors je n'avais pas fait grande attention à la religion. Le curé de la paroisse, qui m'instruisit, me fit une si grande frayeur de l'enfer, que je devins dévot : je ne manquais plus la messe; j'étais devenu un petit saint, et je fis ma première communion avec tout le zèle d'un converti.

A peine était-elle faite, que mon oncle reçut une lettre du premier écuyer de l'infant don Juan, par laquelle il lui apprenait que j'avais une place de page, et qu'on lui donnait le choix de m'envoyer cette année ou la suivante. La tendresse de ma tante la portait à renvoyer à l'année d'après : je n'avais que treize ans, j'aurais fort bien pu attendre ; mais mon impatience détermina. Il fut résolu que mon oncle me conduirait lui-même à Madrid. On me fit mon petit équipage : Vrido vit tous ces apprêts avec chagrin ; il m'aimait tendrement, et il devait rester à Avilas jusqu'à ce qu'il fût placé : je le quittai aussi avec regret ; j'embrassai ma bonne tante en pleurant, et le lendemain nous primes la route de Madrid.

CHAPITRE IX.

Arrivée à Madrid ; début dans la maison de don Juan. L'on m'essaie comme un cheval de cabriolet.

En arrivant dans cette capitale nous trouvâmes établie dans la maison de mon oncle dona Nisa que j'avais vue à Fernixo ; dona Podilla, cette petite-fille du grand Caldéron, et son mari don Podillo, dont je crois vous avoir parlé, y étaient aussi. Lope de Véga avait pris la résolution de ne plus voir personne, et, par une suite d'événemens trop longs à vous détailler, il avait prié sa nièce dona Nisa d'aller habiter Madrid. Don Podillo et sa femme l'avaient suivie, et, en attendant une maison, ils occupaient celle de mon oncle : ce fut là que je renouvelai connaissance avec dona Nisa, qui me marqua beaucoup d'amitié et d'intérêt.

Le lendemain de mon arrivée nous allâmes voir le premier écuyer de l'infant don Juan; c'était lui qui me faisait entrer page, et il nous conseilla d'aller à l'Escurial voir le gouverneur, appelé don Cortillos.

Cette visite sera toujours gravée dans mon esprit. Je vis un grand homme brun, qui avait l'air dur et sot. A peine m'eut-il regardé, qu'il dit en haussant les épaules, fronçant le sourcil, et tournant vers mon oncle un œil bête et hagard : Ça est trop petit, monsieur, ça ne peut pas monter à cheval, et depuis que le prince prend des brenaillons pour pages, j'ai été obligé d'acheter des bidaillons pour monter ces merdaillons. Mon oncle, un peu piqué du début, lui dit qu'il attendrait l'avis de l'infant don Juan avant de me ramener chez lui, et le remercia de l'intérêt tendre qu'il prenait à moi. Don Cortillos s'offrit pour me présenter lui-même à l'infant. Mon oncle refusa cet insigne honneur, et me reconduisit à Madrid.

Tous ceux à qui nous racontâmes notre visite rirent beaucoup de la courtoisie de don Cortillos, mais nous conseillèrent d'aller voir l'infant lui-même. Ce prince était alors à Loucienno, au chevet de son fils expirant; quoique ce fût une bien triste circonstance pour lui être présenté, cependant mon oncle me fit monter à cheval, et nous allâmes à Loucienno : l'infant avait déjà été prévenu par l'obligeant Cortillos; il me trouva bien faible et bien petit pour faire le service; j'avais beau me hausser sur la pointe des pieds, dans les grandes bottes fortes que j'avais, je ne gagnais pas assez de pouces pour paraître digne de l'état pagique; cependant le prince me sut gré de ma bonne volonté, et pour me prouver la sienne (ce furent ses termes), il consentit à me prendre à l'essai. On convint de me faire aller à Crisco, l'une de ses terres, à dix-huit lieux de Madrid, et de m'en faire revenir le lendemain en poste; si je soutenais le voyage, je devais être reçu page : on me mit donc sur un bidet de poste; j'arrivai à Crisco, après avoir roulé la moitié du chemin; j'en revins de même; je mis fort peu de temps à ma course, malgré mes chutes, et je fus reçu page en dépit de don Cortillos. Mon oncle me donna de l'argent et des conseils, et me laissa à l'Escurial, où était le chef-lieu de l'éducation pagique; il chargea dona Sachéra d'avoir soin de mes finances, de me fournir ce qui me serait nécessaire, et, après m'avoir embrassé, il retourna à Avilas.

Il faut que je vous peigne cette éducation pagique. Nous avions d'abord pour gouverneur ce don Cortillos qui m'avait si bien accueilli; c'était un homme fort dur, et qui, à force de vivre avec des chevaux de carrosse, était devenu le plus brutal cheval de l'écurie de l'infant don Juan; il suivait toujours ce prince, et veillait plus particulièrement sur les quatre anciens qui faisaient les voyages de l'infant et le servaient dans ses différentes maisons. Les quatre autres pages, car nous n'étions que huit, restaient à l'Escurial, sous la férule d'un certain abbé Rosiro : cet abbé était petit, laid, méchant, ignorant, sot et tartufe; c'était là notre digne mentor. Nous avions deux domestique chargés de veiller sur nos actions et de rapporter fidèlement tout ce que nous disions et faisions. De plus, nous avions des maîtres de dessin, d'écriture, de mathématiques, d'exercice, d'armes, de danse et de voltige; mais la plupart de ces messieurs, trop grands seigneurs pour nous donner leçon eux-mêmes, avaient des prévôts, lesquels prévôts en sous-payaient d'autres, pour ne pas venir donner la leçon; tel était surtout don Blondino, notre maître de mathématiques, qui donnait quelque argent à l'abbé Rosiro pour nous enseigner l'arithmétique qu'il ne savait pas. Cet abbé Rosiro nous menait tous les jours à la messe; il avait souvent de l'humeur, et alors il nous mettait en prison pour se divertir. Je me souviens fort bien d'y avoir été mis pour avoir rêvé que je couchais avec une femme, et avoir raconté mon rêve ; mais aussi l'on ne m'y mettait pas toutes les fois que j'allais voler du plomb sur les gouttières pour faire un bassin dans le jardin du signor abbé. Tel était notre équitable précepteur, et telle était l'école où j'ai passé les années les plus iutéressantes de ma vie.

CHAPITRE X.

Détails peu intéressans.

HEUREUSEMENT pour moi, je ne passai que six mois à l'Escurial, sous la férule du digne abbé Rosiro. Ces six mois furent employés à me promener dans le parc de l'Escurial, à donner et recevoir des coups de poing, car les pages ne portent point d'épée ; et, pour entretenir la valeur naturelle à tout Espagnol, ils passent leur vie à s'arracher réciproquement les cheveux. Quoique je n'eusse alors que treize ans et quelques mois, j'avais du plaisir à aller souvent admirer les tableaux qui ornaient les appartemens du roi d'Espagne : j'aimais la peinture, et le peu d'argent que j'avais était employé à acheter les estampes des tableaux qui m'avaient frappé; j'étais devenu assez connaisseur en gravures; cependant il faut avouer que je n'y employais pas tout mon argent; le café, les liqueurs en absorbaient une partie, et le plaisir que j'avais à régaler mes camarades pensa me devenir funeste. J'eus une maladie assez sérieuse, causée par la trop grande quantité de liqueurs que j'avais bue; je fus près de six semaines malade; mais cette leçon me corrigea pour toujours de l'intempérance, et depuis ce temps j'ai été sobre et bien portant. Enfin le temps de quitter l'Escurial arriva; l'infant don Juan alla faire un voyage dans l'un de ses duchés, et laissa à Madrid la princesse Adélaïde, sa fille, et la princesse Thérésia, sa belle-fille, veuve de son malheureux fils. Il fallut deux pages pour aller servir ces princesses. Je fus donc envoyé à Madrid, et l'on m'attacha à la jeune princesse Adélaïde, qui était au couvent de Monte-Marto (Montmartre): je passai ce temps agréablement; j'étais toute la journée dans le couvent de Monte-Marto, et j'y vivais de biscuits et de sirops. La princesse me comblait de bontés, et je la servais avec beaucoup de zèle; je n'avais pas grand mérite à cela, elle était alors ce qu'elle a été depuis et ce qu'elle sera toujours, douce, polie, aimable pour tout le monde, ne se souvenant jamais de sa dignité que pour faire du bien; elle était adorée par son dernier valet de pied comme par sa première dame d'honneur, et l'on pouvait prévoir dès lors qu'elle deviendrait chère à toute l'Espagne (1).

Un jour que je venais de la reconduire à son couvent, un homme se trouva vis-à-vis de moi, au tournant d'une rue : je ne pus arrêter mon cheval, et je lui marchai sur le corps : il y eut des plaintes portées, on m'envoya à l'Escurial en prison ; mais la jeune princesse Adélaïde demanda ma grace, et je revins continuer mon service auprès d'elle. Ce fut alors que je connus l'infant don Juan ; il était de retour de son voyage, et, pendant le peu de temps qu'il séjourna à Madrid, j'eus le bonheur de lui plaire ; il s'amusait à me faire causer, et dès ce moment il décida que je le suivrais partout. Je quittai donc la princesse Adélaïde pour passer au service de son père, dont les bontés pour moi allèrent toujours en augmentant. Il me donna le surnom de Pollichinello, que j'ai toujours porté depuis. Pollichinello ne quittait guère son maître, et devint un de ses favoris. Don Cortillos, dont l'ame basse et jalouse redoutait le crédit naissant de Pollichinello, ne perdait pas une occasion de me nuire dans l'esprit de l'infant ; mais, malgré lui, ma faveur se soutenait ;

---

(1) Voyez, sur les personnes désignées dans ce chapitre, l'avertissement de l'éditeur.

j'amusais le prince, chose qui n'était jamais arrivée à don Cortillos : j'avais quatorze ans, j'étais plus instruit qu'on ne l'est ordinairement à cet âge : l'infant était bon et avait de l'esprit; ces deux qualités m'assuraient son indulgence et la continuation de ses bontés.

CHAPITRE XI.

Courses, fêtes. Études des mathématiques. Mariage de don Avilas. Mort de ma tante.

Je passais ma vie sur les chemins ou à l'église, car don Juan était très-dévot et voyageait sans cesse, je n'étudiais guère, j'oubliais même ce que j'avais appris : mon projet était de servir dans la cavalerie, et je croyais qu'il était inutile de s'appliquer à autre chose qu'au cheval. Je lisais beaucoup de romans, que j'aimais avec passion. Celle de toutes mes lectures qui me plaisait le plus, était la traduction de l'Arioste; ce charmant poëme faisait sur moi le même effet qu'avait produit l'Iliade dans ma première enfance; je ne rêvais qu'à Charlemagne et à ses paladins; je ne passais jamais sur le Pont-Neuf sans chercher des yeux l'endroit où Rodomont avait passé la Seine à la nage; j'avais donné un nom à chaque cheval de l'écurie de l'infant, et le mien était toujours le fidèle Bayard. Mon temps se passait ainsi à courir, à lire et à rêver. Mon oncle et ma tante venaient passer leur hiver à Madrid, et j'allais souvent dîner chez eux; d'ailleurs les fêtes se succédèrent à la cour d'Espagne pendant tout le temps que je fus page : le mariage de la princesse Adélaïde, mon ancienne maîtresse, avec l'infant don Joseph, fut le premier dont je fus témoin. Cette princesse me donna une montre, et toute la maison de son père pleura de la voir entrer dans une autre. Le mariage du duc de Bourbon avec la sœur de l'infant don Joseph suivit celui de la princesse Adélaïde; et enfin celui du prince des Asturies se fit au mois de mai 1770. J'assistai à toutes les fêtes qui se donnèrent à cette occasion. Je pensai périr au malheureux feu d'artifice qui coûta la vie à tant de citoyens de Madrid; et, toujours à la suite de don Juan, je vis les différentes maisons du roi d'Espagne, et tout ce que sa cour avait de plus brillant.

J'avais ainsi passé deux années de mon temps de page; j'étais âgé de quinze ans, et dans onze mois je devais entrer au service, lorsque tout à coup le désir de servir dans l'artillerie me prit : j'en fis part à mes parens, qui y consentirent; mais il fallait travailler et apprendre quatre gros volumes sur lesquels il était nécessaire de subir un examen avant d'être admis seulement aux élèves. Rien ne me rebuta ; je pris un maître à Madrid ; je travaillai jour et nuit, je ne sortis plus de ma chambre ; pendant le temps que je suivais mon prince dans les visites qu'il faisait, j'avais mon livre dans ma poche, et, tandis qu'il faisait sa visite, je m'occupais dans l'antichambre à calculer le solide d'un boulet, ou à mesurer la hauteur d'une courtine. Un ancien général espagnol, qui venait dans la même maison que don Juan, me trouva un jour occupé à tracer sur le parquet de l'antichambre, avec de la craie, la démonstration de la vis : il fut édifié de mon goût pour l'étude, et me prédit que je serais général ; je ne demandais qu'à être élève, et mon ardeur pour le travail ne diminuait point. Il m'est arrivé souvent, dans le fort de l'hiver, courant à cheval devant la voiture de don Juan, de me rappeler une proposition que j'avais de la peine à démontrer sans figure ; je descendais, et, traçant sur la neige, avec le manche de mon fouet, deux mobiles liés ensemble par une ligne inflexible, je calculais et démontrais le point où était leur centre de gravité ; et lorsque j'avais fini ma démonstration je remontais à cheval, et je regagnais, en galopant, le temps que mes mobiles m'avaient fait perdre. Avec cette ardeur, je fis de grands progrès, et mon maître m'assurait tous les jours que je ne serais pas refusé à l'examen. Le temps s'écoulait insensiblement : dans l'été de 1770, je devais suivre mon prince à Aranjuez; mais la haine de don Cortillos ne manqua pas de prétexte pour me faire rester à Madrid. Ce contre-temps fut heureux pour moi; mon oncle et ma tante y vinrent pour marier ce don Avilas dont je vous ai parlé; il épousait la fille de don Sibalto, garde du trésor royal : je fus prié de la noce, qui se fit à la campagne, à trois lieues de Madrid. J'allai donc passer quelques jours à cette campagne, et ce fut un grand plaisir pour moi de me retrouver avec cette bonne tante que j'avais quittée à regret : elle me combla de caresses, ainsi que le marié, et la mariée, qui me donna une belle chaine d'or pour présent de noce. Après quelques jours passés ainsi dans les plaisirs et dans les festins que cause toujours un mariage, il fallut retourner à mon service, et dire adieu à mon oncle et à ma tante qui reprenaient le chemin d'Avilas. En embrassant ma tante, je versais des pleurs comme si j'avais prévu que c'était la dernière fois que nous nous embrassions.

Hélas ! je ne la revis plus ; elle tomba malade peu de temps après à Avilas; les soins de mon oncle, l'art des médecins prolongèrent sa faible vie jusqu'au mois de février; mais elle succomba à cette époque, et mourut en donnant encore des marques de son attachement pour moi. Elle me laissa six cents livres de rente viagère; je n'avais pas besoin de ce bienfait pour la pleurer.

Mon oncle, inconsolable, se rendit sur-le-champ à Madrid, où je le vis pénétré d'une douleur que rien ne pouvait calmer. Il fit vendre tous ses meubles, mit ordre à ses affaires, et loua une maison de campagne dans un village à cinq lieues de Madrid. Mon oncle avait douze ou quinze mille livres de rente, et devait en avoir encore six ou sept à la mort de ce grand-oncle, son bienfaiteur, duquel il s'était séparé. J'allais le voir à sa campagne le plus souvent que je pouvais; son amitié pour moi semblait augmenter par la perte de sa femme. Il fit un testament par lequel il me donnait tout ce qu'il laisserait après lui; il attendait impatiemment la fin de mon temps de page pour pouvoir me conduire lui-même au corps que j'avais choisi, et j'étais plus impatient que lui de voir arriver ce moment.

CHAPITRE XII.

Premier instant de liberté. Ma sortie des pages.

Pendant l'hiver de cette année était arrivé le fameux exil du conseil de Castille. Don Avilas avait subi cet exil comme les autres, et même mieux que les autres, parce qu'il s'était montré plus entier dans ses sentimens ; le roi d'Espagne l'avait envoyé dans le fond de la Sierra Moréna : la mort de ma tante, sa mère, était arrivée pendant le séjour qu'il fit à la Sierra; et il n'obtint d'être exilé à Avilas qu'à la sollicitation de son oncle l'abbé Marianno, qui, pensant d'une manière opposée à la sienne, était entré dans le nouveau conseil de Castille. Don Avilas repassa donc à Madrid pour aller dans son nouvel exil : je le vis à son passage, et il me dit avoir hérité de toute l'amitié que ma tante avait pour moi.

Nous étions au mois d'avril. Je devais quitter les pages au mois de juin. L'infant don Juan alla faire un voyage dans ses terres ; et comme il était très-important que j'étudiasse dans ces derniers momens, je lui demandai la permission de me mettre dans une pension, pour y profiter de mon maître de mathématiques ; il y consentit, et me laissa à Madrid.

Voici le premier instant d'où je puis dater ma liberté; et, chose étonnante, je n'en fis pas mauvais usage. Je prenais jusqu'à trois leçons par jour, et j'allais les chercher d'une extrémité de Madrid à l'autre. Tous les soirs j'allais au spectacle, et je passais ma nuit à étudier ; ma santé ne s'altérait point de cette manière de vivre.

Le temps s'écoulait; les leçons fréquentes de mon

maître et l'ardeur avec laquelle j'étudiais m'avaient mis en état de subir un examen. Avant de m'y exposer, j'obtins de don Juan qu'il prierait l'examinateur de l'artillerie de m'examiner à Madrid avant d'aller à Durango, lieu où se faisait le concours. Je fus donc examiné et jugé digne de me présenter à Durango. Je fus alors un peu plus tranquille, et je repris mes fonctions de page auprès de don Juan. Ce fut l'instant où se maria le frère aîné du prince des Asturies. J'assistai à ce mariage et aux fêtes qui le suivirent; tout de suite après je quittai l'habit de page pour prendre l'uniforme. Je ne peux pas vous rendre le plaisir que me fit mon habit bleu : je me regardais dans tous les miroirs; j'était occupé de savoir si j'avais bien l'air d'un officier. Ma cocarde et ma dragonne faisaient le bonheur de ma vie. J'allai passer quelques jours chez mon oncle; de là j'allai prendre congé du prince; et comme mon oncle voulut me conduire lui-même à Durango, nous partîmes ensemble de Madrid le 2 juillet.

FIN DE LA PREMIÈRE PARTIE.

LIVRE SECOND.

CHAPITRE PREMIER.

Nouvelle position. Départ pour Durango. Anecdote de Doña Pradella. Arrivée à Durango. Concours, et départ pour le château de don Crinitto.

J'entre dans une nouvelle carrière, je quitte l'enfance et l'esclavage; j'ai seize ans, un uniforme et ma liberté. Je vais décrire mes erreurs et mes folies; trop heureux si, au moment où je les écris, il ne m'en reste plus à faire!

Avant de commencer le récit de ce qui m'arriva, il est à propos de vous peindre quelle était ma situation physique et morale. Mon père, toujours dans le royaume de Grenade et jouissant d'une médiocre fortune, m'avait totalement abandonné à mon oncle, qui se chargeait de mon entretien. Je vous ai dit que cet oncle avait douze ou quinze mille livres de rente; il avait fait un testament avant de partir de

Madrid, par lequel il me déclarait son seul héritier ; j'avais à moi les six cents livres de rente que ma tante m'avait laissées, et une petite pension que me faisait mon oncle : cet oncle, en partant de Madrid, avait payé toutes mes dettes de page et tout l'argent qui était dû à mon maître de mathématiques. Enchanté de mon nouvel état, je regrettais peu tout ce que je quittais ; j'étais fort vif, fort pétulant, fort avide de tout ce que je ne connaissais pas, et désirant avec fureur de me singulariser dans quelque genre que ce fût.

Voilà dans quelles dispositions je partis de Madrid, avec mon très-cher oncle. Nous allâmes coucher tout près de Siguença, chez une dona Pradella, parente de mon ancienne tante : elle nous reçut fort bien, et j'aurais passé sous silence cette visite, si la vue du lit où dona Pradella allait se coucher ne m'avait tellement échauffé la tête, que je n'en dormis pas de la nuit. J'avais seize ans, j'avais mon innocence. Je mourais d'envie de partager ce lit ; si j'avais osé, je l'aurais proposé à dona Pradella. On m'a dit depuis qu'elle était dans l'usage d'accepter ces sortes de propositions.

Deux jours après nous arrivâmes à Durango. Je trouvai là plus de cent aspirans, qui concouraient tous à quarante places d'élèves. L'on n'entendait dans cette ville que la langue des mathématiques, et quoique, tous tant que nous étions, nous eussions l'esprit fort peu géométrique, nous ne laissions pas d'en raisonner savamment. Je concourus comme les autres, et l'usage était d'attendre le résultat de tout l'examen pour apprendre ensuite à chacun quel était son sort.

Mon oncle, dont le projet était d'aller passer quelque temps chez ce don Crinitto, père des trois demoiselles dont je vous ai parlé, me fit quitter Durango, pour aller, disait-il, attendre mon sort chez don Crinitto. Je partis donc après avoir pris congé du commandant de l'école, nommé don Garcias; je le remerciai des bontés qu'il m'avait marquées pendant mon petit séjour à Durango, et j'arrivai en peu de temps au château qu'habitaient don Crinitto et ses trois filles.

CHAPITRE II.

Soupirs et bouquets pour Henriette. Pari perdu. Agréable nouvelle. Séjour à Avilas, et départ pour Durango.

Nous fûmes reçus par don Crinitto, non comme des vieilles connaissances, mais comme de vieux bons amis. Don Avilas, le fils de ma tante, exilé alors, pour les affaires du conseil de Castille, dans sa terre d'Avilas, vint nous voir chez don Crinitto. Il m'invita à aller passer quelque temps avec lui : j'avais oublié mon ancienne inimitié pour ses demoiselles ; je rendais même des soins à la seconde, nommée dona Henriette. Je me levais tous les jours à six heures du matin, parce que j'étais sûr de trouver Henriette seule dans le salon, occupée à faire de la dentelle ; je la regardais travailler ; j'osais quelquefois lui baiser la main ; je courais au jardin lui cueillir des roses : j'avais soin de les prendre toujours en boutons, pour les voir épanouir sur son sein : mon imagination me servait bien, je croyais être véritablement témoin des progrès que la chaleur de ce beau sein faisait faire à mes roses. Quelquefois Henriette me rendait mon bouquet après l'avoir porté : c'était alors que mon grand plaisir était de manger mes roses feuille à feuille ; après les avoir bien fanées par mes baisers. Henriette n'était pas de celles qui comprennent le plaisir de manger un bouquet ; d'ailleurs elle était bien plus âgée que moi, et tournait mon amour en plaisanterie ; mais elle avait assez d'amour-propre pour être flattée des hommages même d'un enfant, et l'empire qu'elle avait sur cet enfant l'amusait au moins s'il ne l'intéressait pas. Elle voulut s'en servir un jour d'une manière assez plaisante. J'avais la mauvaise habitude de dire à tout propos un certain mot espagnol, qui répond en français à celui de pardieu. Henriette, qui prenait plaisir quelquefois à me corriger de mes défauts, me promit de m'embrasser si j'étais douze heures sans le dire. Le marché commençait à six heures du matin. Je me fis violence toute la journée ; le prix qu'on avait mis à mon attention m'enflammait au point que j'aimais mieux ne pas parler que de m'exposer à le perdre. Je fus assez heureux pour arriver sain et sauf jusqu'à six heures moins une minute du soir : alors, la montre à la main, je vins à elle avec l'air du bonheur, et je m'écriai : Pardieu, je vais donc avoir gagné ! Vous avez perdu me dit Henriette, et, malgré toutes mes instances, elle fut inexorable. Cette petite aventure me fit une telle peine, que depuis ce temps je n'ai jamais prononcé le mot qui me coûta ce baiser..

Je passai près de six semaines dans cette société, mon oncle pleurant toujours, et moi m'occupant sans cesse d'Henriette et de mes bouquets. Mon oncle prépara bientôt son départ, et me fit alors confidence de ma réception à l'école de Durango : il me l'avait cachée, parce que don Garcias, le commandant, la lui avait dite sous le secret; et mon oncle me donna l'agréable surprise de ne m'apprendre mes succès que par des boutons numérotés que l'on attacha à mon habit tandis que je dormais. Ces boutons étaient la distinction des élèves admis. Ma joie fut vive, je commençais à sentir très-vivement. J'embrassai mille fois mon oncle, et bientôt je lui dis adieu. Il prit la route de Madrid, tandis que moi, fier de mes boutons, et me croyant déjà un être nécessaire à l'Etat, je regardai l'amour comme une occupation indigne d'un héros; et, quittant ces belles demoiselles et leurs jardins, que j'avais dépouillés de roses, je m'en allai chez don Avilas, qui fut fort aise de m'avoir chez lui, et me combla de caresses.

Je regrettai peu Henriette; en lui rendant des soins, ce n'était pas elle que j'avais aimée, c'était le plaisir d'aimer une femme que j'avais cherché : dès que mon ame fut remplie par un autre objet, je cessai de penser à l'amour; il viendra un temps, mon cher lecteur, où vous me verrez tout quitter pour ne penser qu'à lui; mais n'anticipons point sur les événemens. Je fus peu de temps à Avilas, et j'y fus toujours entouré de monde; la famille de dona Avilas s'y était rassemblée, et cette société rendait le château vivant et gai. Don Angelo, frère de dona Avilas, avait aussi été membre du conseil de Castille, et une lettre de cachet l'avait relégué auprès de son beau-frère. Ce jeune homme, né avec de l'esprit et un fort bon cœur, avait fait dans sa jeunesse beaucoup d'étourderies; et, quoique âgé de près de trente ans, il paraissait ne pas avoir renoncé à en faire de nouvelles. Ces raisons m'attachèrent à lui, et nous nous liâmes d'une amitié assez étroite. Bientôt je fus forcé de quitter Avilas; une lettre de don Garcias me confirma ma réception, et m'enjoignit d'être à Durango pour le 14 d'août. Enchanté d'être assez important pour recevoir des ordres, je me hâtai d'obéir; mon paquet fut bientôt fait: don Avilas me donna de l'argent, don Angelo m'en prêta, et je partis pour Durango, avec le projet de m'y faire une excellente réputation. Je réfléchis pendant toute la route aux moyens que je devais prendre pour réussir, et après m'être bien rappelé tous les conseils que l'on m'avait donnés, vous allez voir comment je les suivis.

CHAPITRE III.

Début à Durango. Liaison avec Estevan. Perte irréparable.

En arrivant, je me trouvai dans une position très-agréable pour un jeune homme qui entre au service. Mon premier chef, don Garcias, était prévenu en ma faveur, et m'accueillit avec toutes sortes de bontés. J'avais, outre don Garcias, trois autres commandans à qui mon oncle m'avait fortement recommandé; ce même oncle avait donné une année de pension à celui de nos chefs chargé de tenir notre argent; car, par un ordre du roi, les élèves n'avaient pas le maniement de leurs finances : j'avais dans ma poche une dizaine de louis uniquement consacrés à mes plaisirs, et je pouvais mener la vie la plus heureuse en cultivant l'amitié que mes commandans m'offraient. Au lieu de suivre cet excellent parti, mon premier soin fut de me lier avec les élèves les plus étourdis et les plus tapageurs de la troupe; nous étions soixante; ainsi je n'eus pas de peine à me composer une société de cinq ou six des plus bruyans. Parmi ces jeunes gens il y en avait un que je distinguai dès lors, et qui n'a pas cessé depuis d'être mon ami; il s'appelait Estevan. Estevan avait vingt ans, beaucoup d'esprit, beaucoup de science, beaucoup d'aptitude aux mathématiques. Il était de la plus grande vivacité, mais aussi sensible qu'étourdi; brave comme son épée, mais mettant sa gloire à la tirer souvent. C'était enfin un de ces hommes aimables qui sont dangereux jusqu'à vingt-cinq ans, et qui après sont plus solides que les autres. Tel fut l'ami que je me choisis: nous ne fûmes pas long-temps sans nous lier intimement. Je voulais que son expérience me guidât dans les aventures que j'espérais avoir; car j'étais avide de tout ce qui pouvait me donner l'air d'un grand garçon.

La première qui m'arriva ne fut pas très-flatteuse, comme vous en allez juger. Je me promenais avec un élève de ma société aussi jeune que moi : nous parlions de nos bonnes fortunes, et, de mon côté, la conversation tarissait, parce que je possédais encore ce que j'avais été si tenté d'offrir à dona Pradella. Dans le moment où mon camarade me faisait le récit d'une de ses victoires, nous vîmes paraître deux belles qui marchaient devant nous en riant. Nous les accostâmes : le cœur me battait en touchant le casaquin d'indienne de celle qui m'échut en partage; je ne savais trop que lui dire; je mourais d'envie cependant qu'elle m'entendît : je fus assez heureux pour qu'elle en prît la peine. Il est trop tard, me dit cette belle, pour que nous puissions aller faire un tour dans un de ces bastions; je suis obligée de vous quitter; mais demain, à la même heure, trouvez-vous ici, et j'aurai le temps. — Quel bonheur! Je la remerciai mille fois; je précipitai mes baisers en proportion de l'heure qui la pressait et de la reconnaissance qui m'animait; et, après lui avoir fait répéter vingt fois qu'elle serait exacte, je baisai l'arbre sous lequel ce tendre rendez-vous était donné, et m'en retournai chez moi attendre le lendemain.

Jamais journée ne m'a paru si longue que ce lendemain; jamais nuit n'a été si appelée, si désirée, si invoquée que le fut celle au commencement de laquelle nous devions revoir nos infantes. Enfin elle arrive, cette nuit; et mon camarade et moi, après nous être bien parfumés, nous volons au rendez-vous sur les ailes de l'Amour. Nos belles nous attendaient : jugez du plaisir que nous eûmes à les joindre! Bientôt nous nous séparons; je conduis la mienne dans une allée charmante où les fleurs semblaient naître pour nous inviter à les fouler : là, je me jette aux genoux de celle de qui dépend mon bonheur; ma langue bégaie pour la première fois la plus tendre déclaration. Hélas! c'était la première fois que ma divinité en entendait, elle ne me répondit pas grand'chose, mais apparemment ayant peu de temps à elle, comme la veille.... Je m'arrête ici, mon cher lecteur; je ne puis m'empêcher de pleurer sur la perte que je viens de faire; ma tendre amante n'eut pas l'air de rien regretter. Je rejoignis mon camarade avec l'air d'un héros vainqueur. En m'en retournant avec lui, un accès de franchise nous prit; nous convînmes que nos deux amantes avaient été chéries par des cœurs tout neufs; mais quelle fut notre douleur en apprenant le lendemain que nos divinités avaient été quelques jours auparavant fouettées et chassées de Bilbao! Voilà quelle fut la première sortie de don Quichotte, et la première aventure que son courage mit à fin.

CHAPITRE IV.

Conquête de la belle Rose. Voyage à Avilas. Mariage de mon oncle.

Je me consolai aisément de mon malheur, et je me crus obligé de le réparer par une conquête plus difficile et plus digne de m'illustrer : ce fut la belle

Rose que j'attaquai. Rose était une jeune marchande de modes fort jolie, et plus que coquette; mais ses amans avaient tous été des élèves de renom; elle choisissait toujours quelqu'un dont la réputation fût déjà faite, et je crus que la mienne le serait bientôt, si je parvenais à lui plaire. Je lui écrivis donc une lettre bien vive, bien touchante, et j'allai la lui remettre moi-même, sous prétexte d'acheter une cocarde. Rose prit ma lettre, sans daigner sourire ni me regarder. Le lendemain je retourne acheter encore une cocarde; mais la pudibonde Rose, tout en me la faisant, me dit à voix basse : Monsieur, votre lettre m'offense, j'ai eu grand tort de la décacheter; je veux le réparer en vous la rendant; mais je ne puis vous la remettre ici, parce que ma mère me verrait : trouvez-vous ce soir dans telle rue, vous entrerez dans telle allée, et là je vous expliquerai pourquoi je ne veux plus vous voir. Ces paroles furent accompagnées de cinq ou six coups d'œil qui auraient rassuré tout autre que moi; mais, loin d'être enchanté du discours de Rose, je fus assez sot pour me désoler. Je me trouvai cependant au rendez-vous, la belle Rose m'attendait. J'entre dans cette allée; aussitôt Rose ferme la porte sur moi, et je me trouve alors, non dans une allée, mais dans un bûcher fort étroit et fort obscur. La charmante Rose me dit en m'embrassant qu'une de ses amies, servante chez la maîtresse du bûcher, lui avait prêté la clef; que nous étions en sûreté, et qu'ainsi je pouvais répandre dans son cœur tous les secrets du mien. Moi, en homme consommé dans ces sortes d'aventures, je profitai de l'obscurité du bûcher pour arracher à la pudique Rose des faveurs qu'elle n'eût jamais accordées dans un lieu plus éclairé. Nous étions cependant embarrassés, le bûcher était petit, et l'on ne pouvait s'asseoir nulle part : j'en fis mes plaintes à mon amante; mais la prévoyante fille avait pourvu à tout. Elle avait fait apporter un panier sur lequel je m'assis; et comme il n'y avait pas deux places, il fallut bien que Rose s'assît sur mes genoux : dans cette charmante attitude, nous commençâmes une conversation si vive et si tendre, que le fond du panier cassa, et nous roulâmes tous trois. La bonne amie qui avait prêté la clef du bûcher entendit du bruit, et vint à tâtons voir ce que c'était; elle tomba sur nous, et ne fit que redoubler l'embarras. Enfin je m'en tirai; je mis à la porte la charitable amie, je raccommodai tant bien que mal le panier pour le lendemain, et quittai ma belle Rose, en lui promettant de revenir tous les jours lui redire les mêmes choses.

Cette intrigue dura quelque temps; Rose m'aimait, et nos rendez-vous se multipliaient avec les jours. Je fus étonné au bout de six semaines de ne plus y aller avec le même plaisir; Rose ne me paraissait plus jolie; et j'étais fort aise lorsque quelque accident me faisait manquer mon rendez-vous. Je proposai à Rose de la résigner à un de mes amis : elle pleura, et puis ses larmes tarirent, et trois jours me suffirent pour lui persuader la résignation. Je la proposai à Estevan, qui n'en voulut point. Un autre fut moins difficile, et me promit de prendre ma place : je le menai donc au bûcher, je l'installai dans la charge que je quittais, et je lui recommandai d'être fidèle à Rose. Après mon exhortation, je les laissai; et depuis ce temps je n'ai plus fait de visite à ce bûcher que j'avais tant aimé. L'ennui me gagna bientôt; je résolus d'aller me dissiper quelque temps chez don Avilas, qui était toujours en exil; je partis pour sa terre, et j'y retrouvai à peu près la même société que j'y avais laissée. Pendant les trois semaines que j'y passai, il ne m'arriva rien de remarquable, et je pris la route de Durango, aussi content d'y retourner que j'avais été aise d'en sortir.

Pendant mes amours et mes voyages mon oncle voyageait aussi et faisait aussi l'amour; il se divertissait seulement de plus à se remarier. Je ne vous ai point parlé de lui depuis l'instant où nous nous séparâmes chez don Crinitto : il avait fait peu de séjour à Madrid, et était allé passer l'hiver à Fernixo, auprès de Lope de Véga et de dona Nisa, qui l'y avaient invité. A peine arrivé, il devint fort épris d'une Minorquoise qui était chez Lope de Véga; cette étrangère, mariée à un habitant de Minorque, qui avait pensé la jeter cinq ou six fois par la fenêtre, était parvenue à faire casser son mariage, en profitant des lois de sa petite île. Cette veuve d'un mari vivant était assez bien de figure, et y joignait même de l'esprit, si l'on peut nommer ainsi une imagination grimacière et l'art de saisir des minuties. Cette femme aperçut le faible de mon oncle; et comme elle n'avait rien et qu'elle désirait quelque chose, elle parvint à se faire épouser par lui. La différence des religions, le premier mari encore vivant, apportèrent des obstacles à ce mariage; mais l'argent de mon oncle les leva tous. Ce qu'il ne put empêcher, et ce qui nous fâcha le plus, ce furent les mauvais propos que ce second hymen fit tenir. La douleur qu'avait d'abord fait paraître mon oncle, et les ridicules de sa femme, furent des armes terribles qu'il mit dans les mains de ceux qui ne l'aimaient pas. J'étais de retour à Durango lorsqu'il m'écrivit cette nouvelle : j'y fis peu d'attention; j'étais trop occupé dans cet instant pour me donner la peine d'examiner si ce mariage m'était utile ou désavantageux.

CHAPITRE V.

Grand souper. Bal, et choix de Joséphine. Goût pour le saumon frais.

Je craignais trop l'ennui pour ne pas chercher avec soin tout ce qui pourrait m'en préserver. L'étude des mathématiques m'occupa quelque temps; mais je m'aperçus bientôt que les problèmes et les corollaires ne remplissaient point mon cœur, et qu'il lui fallait quelque chose de plus. Je crains fort, mon cher lecteur, que le détail de ma vie ne produise sur vous le même effet que les théorèmes produisaient sur moi; ils m'endormaient un peu, parce qu'ils se ressemblaient beaucoup : tous mes récits se ressemblent autant; vous me voyez toujours amoureux : c'est bien monotone. Mon cher lecteur, je vous en demande pardon; mais je me suis fait une loi de dire la vérité, et je ne veux oublier aucune aventure.

J'abandonnai donc mes problèmes pour m'occuper plus gaiement; et comme je pouvais choisir parmi plusieurs beautés qui embellissaient notre ville, je résolus, avec Estevan, de leur donner une fête où je pourrais jeter le mouchoir à celle qui me plairait le plus. Estevan était le premier homme du monde pour les fêtes de cette espèce. Il alla chez une marchande de poisson de ses amies, et sa première négociation fut pour obtenir que l'on nous fît crédit. Une fois cet important article passé, il commanda un beau souper, un bal, et fit distribuer les billets d'invitation. Nous nous mimes à table à cinq heures du soir, pour pouvoir souper sans nous presser. Estevan avait rassemblé une demi-douzaine de belles ; nous étions à peu près autant d'élèves, et comme j'étais l'Amphitryon, Estevan avait soin de me faire rendre les honneurs. Après le souper, le bal commença, et dura toute la nuit; car, malgré une visite qu'un de nos commandans faisait tous les soirs dans nos chambres pour voir si nous étions couchés, nous avions trouvé le moyen de lui faire croire que nous dormions. De gros porte-manteaux mis entre nos draps, affublés d'un bonnet de coton et d'un beau ruban autour, tenaient notre place dans nos lits; et, pour compléter l'illusion et donner en même temps une plus grande opinion de notre goût pour l'étude, nous avions grand soin de placer auprès du lit une petite table, avec une chandelle allumée, et le Cours de mathématiques ouvert à une proposition difficile.

Le commandant, édifié, faisait éteindre la lumière, fermait le rideau, et disait, en voyant dormir le studieux porte-manteau, que ce n'était pas la peine de l'éveiller.

Tandis que notre chef vigilant nous croyait assoupis par la vapeur des calculs algébriques, nous dansions de tout notre cœur avec nos charmantes convives. Une d'elles, nommée Joséphine, me plut par sa vivacité, et accepta avec joie toutes les offres que je lui fis : ces nouvelles amours durèrent près de huit jours ; au bout de ce temps Joséphine m'ennuya, et je l'abandonnai. J'avais fort peu d'argent ; c'était un obstacle à tous mes projets d'amusemens. Le souper que j'avais donné m'avait inspiré beaucoup de goût pour tenir maison ; toutes les fois que j'allais manger à l'auberge, je me lamentais avec Estevan du malheur de n'avoir pas une table à nous où nous pussions inviter nos amis et nos amies : manger toujours entre hommes nous paraissait trop ennuyeux ; mais il fallait de l'argent pour manger avec des femmes, et nous n'en avions point. Nous conclûmes qu'il fallait faire comme si nous en avions, et voici le parti que nous prîmes : la marchande de poisson qui nous avait donné à souper était jeune et jolie ; son mari courait le pays et n'était point avec elle ; une sœur, fille encore, et assez bien de figure, demeurait dans sa maison, et l'aidait à faire son commerce. Estevan et moi nous nous attachâmes, lui à la sœur, moi à la maîtresse ; nous fûmes aimés en peu de temps....... Alors tout le poisson nous appartint, et au lieu de le faire vendre, nous aimions bien mieux le manger avec nos amis. Tous les soirs nous commandions un souper de cinq ou six couverts, et lorsque nous rencontrions de nos camarades, nous leur offrions du saumon frais avec cet air d'aisance de grands seigneurs dont la table est toujours ouverte. Nos belles, aussi généreuses que tendres, ne trouvaient jamais qu'il y eût trop de convives ; le plaisir et l'amour présidaient à nos soupers : on y chantait, on y riait, et Estevan et moi nous faisions les honneurs du saumon frais avec toutes les graces possibles. Cette agréable vie dura près d'un mois ; mais, au bout de ce temps, le maudit mari revint de ses courses, et resta quelque temps à Durango ; dès ce moment, adieu le plaisir ; il fallut retourner à l'auberge, et nos tendres amantes furent aussi fâchées que nous du triste séjour que faisait le mari auprès d'elles.

CHAPITRE VI.

Claire.

Estevan et moi nous attendions impatiemment que le cruel époux qui avait dérangé nos soupers recommençât ses voyages, et tout en attendant nous cherchions à charmer notre ennui en courant les petits bals, qui se donnaient dans la ville. En Biscaye, le peuple aime beaucoup la danse, et l'on se rassemble les dimanches et les fêtes dans une salle illuminée de trois ou quatre chandelles : là, une vieille femme, armée d'un violon, dont l'archet n'a plus que quelques crins et point de colophane, écorche une contre-danse sur trois cordes, qui crient toujours toutes à la fois ; chaque danseur donne un sou pour lui et pour sa danseuse, et des bancs de bois rangés tout autour de la salle servent de sièges à ceux qui se reposent par fatigue ou par économie ; la cheminée, aussi large que haute, est l'asile des enfans de la joueuse de violon, qui interrompt de temps en temps ses triples accords pour les empêcher, à coups d'archet, de faire trop de tapage. Ce fut dans une de ces salles qu'Estevan et moi nous entrâmes certain dimanche, et que, tout en regardant danser les gentilles citoyennes de Durango, j'en découvris une grande, bien faite, et qui me parut charmante. Ce n'était pas la beauté de sa figure qui me plaisait, car elle était à peine jolie; mais je ne savais pourquoi toute sa personne m'enchantait : elle était assise sur le bout du banc; c'était la fille de la joueuse de violon. Je m'approchai d'elle, et mon cœur battait; j'étais surpris de ne plus sentir cette hardiesse que mes aventures, mes soupers et mes victoires m'avaient donnée; je tremblais presque en regardant Claire (c'était son nom), et je ne savais comment lui parler. Estevan, qui vit mon embarras, et qui ne tremblait point du tout, entama la conversation; mais Claire la termina tout de suite par une réponse laconique; à peine daigna-t-elle nous regarder, et l'air de fierté que je lui trouvai redoubla l'amour qui m'enflammait déjà. Pendant tout le temps que dura le bal, je pus à peine dire deux mots à Claire, qui avait soin de répondre fort haut à toutes les questions que je lui faisais tout bas. Le bal fini, il fallut s'en aller, et je me retirai chez moi véritablement amoureux.

Claire avait une sœur nommée Victoire, qui était plus jolie, mais moins aimable qu'elle. Je persuadai à Estevan qu'il était amoureux de Victoire; Estevan le crut dès que je l'eus prié de le croire: nous voilà tous les deux épris des deux sœurs, mais d'une manière différente; j'adorais Claire, au lieu qu'Estevan n'aimait Victoire que par amitié pour moi.

Je ne veux pas vous ennuyer en vous détaillant tous les billets, toutes les lettres que j'écrivis à ma chère Claire, et qu'elle me renvoya toujours sans les avoir ouverts. Je me trouvais partout où elle allait; je la suivais à l'église, dans ses promenades; j'étais toujours sur ses pas : peine inutile ! Claire faisait à peine semblant de me voir. Deux mois se passèrent sans pouvoir lui dire un mot, et tant de vertu ne faisait qu'accroître mon amour. A force de suivre Claire, je connus bientôt ses sociétés, et je fis tout au monde pour y avoir entrée. La maison d'un menuisier, parent de Claire, était une de celles où elle allait le plus souvent : j'y venais chaque jour faire faire une équerre ou une règle, et mes politesses gagnèrent le cœur de la femme du menuisier : je lui demandai la permission de lui faire quelquefois ma cour; cette permission ne me fut point refusée. Ce fut dans ces visites que j'eus enfin le bonheur d'entretenir ma Claire, et que je vins à bout de la convaincre de mes sentimens : quand on se croit aimé, on est tout prêt à rendre amour pour amour, si déjà on ne l'a rendu. Claire daigna me donner de l'espoir : quelques présens me gagnèrent son cœur, et bientôt je me crus aussi aimé d'elle que je l'aimais moi-même. Je ne la voyais pas plus souvent : j'étais obligé de prendre l'heure de mon dîner pour passer avec elle quelques instans ; c'était ordinairement depuis une heure jusqu'à deux qu'elle m'introduisait dans une salle basse où elle travaillait avec sa sœur. Estevan ne venait point avec moi ; il aimait mieux dîner que faire l'amour : moi je portais du café à Claire ; nous le faisions ; nous le prenions ensemble ; rien ne me paraissait comparable à ces doux momens ; et comme l'heure à laquelle je la quittais était consacrée à une leçon de dessin, je faisais toujours servir mes crayons à me retracer celle que je venais de voir. Chaque jour me retrouvait d'autant plus amoureux, que ma pudique amante avait grand soin d'éloigner tout ce qui, selon elle, ne tendait qu'à déshonorer l'amour : excepté quelques doux baisers qu'elle me permettait, tout le reste m'était défendu, encore avait-elle soin de régler le nombre de ces baisers : et moi, qui étais aussi soumis que tendre, je me gardais bien de lui désobéir ; je tâchais seulement de la faire tromper dans ses calculs.

Cependant un jour j'arrivai de meilleure heure qu'à l'ordinaire : sa sœur Victoire n'était point avec elle ; Claire était seule. Je fus si surpris de mon bonheur, que la regarder et voler dans ses bras, ne fut

fut l'affaire que d'une seconde : je la pressais contre mon cœur, mes yeux dévoraient ses charmes; mes lèvres étaient collées aux siennes ; je ne parlais pas, mais que de baisers lui expliquaient mes pensées! Ce langage si tendre, si supérieur à tous les autres, Claire l'entendit; elle me demandait grace avec cet air qui ne l'obtient jamais : je la lui promis cependant; je la mis sur mes genoux, je la regardais, ma main gauche la soutenait, et ma droite serrait la sienne; nous nous faisions des protestations d'une éternelle constance; je lui jurai de réprimer mes désirs, je lui tins parole ; mais, en lui promettant de ne pas prétendre aux plaisirs qu'elle me devait peut-être, je ne voulus pas... Claire trouvait mes raisonnemens bons, et j'étais toujours à ses ordres pour raisonner, lorsqu'une aventure tragique vint me séparer quelque temps de ma tendre Claire.

CHAPITRE VII.

Querelles ; batailles ; prison.

Je ne songeais qu'au bonheur d'aimer ma Claire et d'en être aimé : le temps que je passais sans la voir était employé à penser à elle ; je vivais peu avec mes camarades, le seul Estevan était dépositaire de mes secrets amoureux, et je le menais avec moi chez mon amante le plus souvent que je pouvais. Un soir qu'il y était venu, Claire se plaignit de ce que des élèves, en la voyant passer, avaient ricané et l'avaient appelé par mon nom. La fureur s'empara de moi, et Estevan me promit de m'aider dans ma vengeance. Nous courons donc trouver les deux ricaneurs : celui qu'Estevan attaqua s'appelait Enrique, et ne se fit point tirer l'oreille ; il alla se battre avec Estevan, qui lui donna trois coups d'épée. Je fus moins heureux ; celui que je provoquai s'appelait Carlos, et soutint des propos assez vifs sans s'en offenser. Comme je les redoublais, je fus entendu d'un de ses amis, qui, piqué du sang-froid de Carlos, vint prendre sa place et accepta le cartel avec joie. C'était la première fois que je me servais de mon épée : mon ennemi avait l'avantage de l'expérience et de la taille ; il profita de la précipitation avec laquelle je m'élançai sur lui, et, en me présentant seulement sa pointe, il me perça le bras, ou plutôt je m'enferrai moi-même. Je fus médiocrement fâché d'être blessé ; j'aurais mieux aimé être le vainqueur ; mais, sans aucun doute, j'aimais mieux ma blessure que de ne point avoir eu d'affaire à mon âge. Quel bonheur ! je me croyais un personnage : avant dix-sept ans j'étais assez heureux pour posséder une maîtresse, un coup d'épée et un ami. J'allai me faire panser chez la belle Claire, et j'attendis à peine que je fusse guéri pour me faire une seconde affaire. J'étais jaloux de ce qu'Estevan avait partagé ma vengeance; les blessures qu'il avait faites à Enrique me paraissaient un vol fait à mon courage. Je fis confidence de cette idée à Enrique, qui m'offrit de me satisfaire, et nous nous portâmes sur le pré : nous étions animés l'un contre l'autre depuis long-temps; cette Joséphine que j'avais aimée pendant huit jours avait été adorée de lui. Enrique fut aussi enchanté que moi de l'occasion qui se présentait : nous nous battimes donc avec colère, et je lui portai un coup d'épée avec si peu de ménagement, que ma lame, rencontrant sa coquille, se brisa en mille morceaux. Comme j'allais chercher une autre épée, on vint nous séparer. Nous nous promimes, par un serrement de main réciproque, de nous rejoindre, et je courus chez Claire lui conter tous mes combats.

Claire descendait vraisemblablement de quelque illustre Amazone, car mes duels lui faisaient toujours plaisir; et elle me parut si guerrière, que je crus ne pouvoir lui faire un don plus cher que celui de cette épée que j'avais brisée en combattant pour elle. Claire en reçut les morceaux avec une reconnaissance qui m'enflamma encore davan-

Jeunesse P. 79.

tage; mais, hélas! on ne me laissa pas le temps de lui répéter combien son héroïsme me plaisait. Don Garcias, le commandant de l'école, avait appris nos querelles et nous fit conduire, le brave Estevan et moi, dans une prison où nous n'avions qu'une planche pour dormir, et de la soupe et du pain pour dîner. Ah! il fallait entendre Estevan se lamenter de ce que nous avions négligé nos marchandes de poisson! Si nous eussions été constans, disait-il, nous ne serions pas ici, ou si nous y étions, le saumon frais y viendrait; au lieu que ta Claire te nourrit avec des lettres, et moi je crève de faim et d'ennui. — Je consolais Estevan, et je désirais autant que lui que le jour de notre délivrance arrivât.

CHAPITRE VIII.

Fin de la captivité. Nouvelle inconstance impardonnable. Nouvelles querelles; nouvelle prison. Départ de Durango.

Au bout d'un mois, don Garcias nous crut assez punis et nous envoya chercher. J'écoutai avec distraction la morale qu'il me débita; je grillais de sortir de chez lui pour voler chez Claire. Jugez de mes transports en la revoyant! Je ne fus pas content de la joie qu'elle fit paraître, je ne la trouvai pas assez vive; il me semblait qu'un amant qui sortait de prison devait faire tourner la tête de l'amante qui le revoyait. Je dissimulai cependant mon mécontentement; mais mon amour en fut refroidi, et une vanité mal entendue lui porta le coup mortel. Un de mes amis vint me confier qu'il avait entendu parler de moi à une demoiselle, de celles que l'on appelle dans les garnisons demoiselles comme il faut, et qui sont presque toujours comme il ne faut point. Cette demoiselle avait amèrement déploré l'aveuglement qui m'attachait à Claire; elle avait dit que j'étais fait pour prétendre à mieux, et mon ami me le répéta d'un air à me donner beaucoup d'amour-propre. Je voulus voir cette demoiselle, je la trouvai assez bien : je lui parlai; elle me répondit d'une manière peu équivoque; mon amour tenait pourtant encore. Malheureusement Claire eut une petite fluxion sur les yeux, et la fluxion acheva de me détacher d'elle. Vous vous indignez contre moi, mon cher lecteur, vous avez raison; hélas! je rougis en vous racontant mon inconstance : ce qui me fâche le plus, c'est que j'aurai à rougir plus d'une fois.

Claire fit quelques démarches pour regagner un cœur que je ne lui ôtais qu'avec des remords, mais la vanité l'emporta sur ces remords ; Claire avait beau m'écrire, Claire n'avait plus ses beaux yeux, et je ne répondais point à ses lettres : je me croyais disculpé en disant à Estevan que la Providence était juste, puisqu'elle faisait faire autant de pas à mon amante abandonnée que j'en avais fait dans le temps où j'étais méprisé. C'est pour que tout soit égal, m'écriais-je ; et j'évitais de rencontrer Claire.

Cette même Providence, dont j'admirais l'équité, ne me laissa pas jouir long-temps de ma perfidie : à peine y avait-il huit jours que je suivais ma demoiselle comme il faut, lorsque l'on persuada à ce Carlos, que j'avais provoqué en vain, de se laver des soupçons que son silence avait fait concevoir ; et Carlos, craignant le déshonneur, vint me rappeler mes vivacités et m'en demander raison. J'allai au rendez-vous avec cet air d'assurance d'un homme coutumier du fait ; je comptais réparer l'honneur de Carlos par une blessure légère ; mais à peine je fus en garde, que Carlos tomba sur moi comme un lion : en vain je crus l'arrêter en tirant à sa figure qu'il avait fort jolie ; rien n'intimida mon brave adversaire, qui me fit une blessure en moins de deux minutes de combat. Cet échec me fut d'autant plus douloureux, que c'était en présence d'Estevan et de plusieurs témoins. Estevan voulait prendre ma place et me venger : on contint son courage et son amitié, et l'on me reconduisit chez moi. De là je fus transporté à l'hôpital des élèves, et de l'hôpital en prison, où don Garcias me tint six semaines : c'est quelquefois la demeure des héros, ainsi je m'en consolài; mais don Garcias avait pris la chose au grave; il me regardait comme un tapageur, et il obtint un congé pour me faire aller chez mes parens mùrir ma tête. Je restai en prison jusqu'à l'arrivée du congé, et, quand je sortis de captivité, don Garcias me donna un cheval, me prêta deux piastres, ce qui revient à peu près à douze livres de notre monnaie, et m'ordonna de partir. J'embrassai mon cher Estevan, je montai à cheval, et pris la route d'Avilas, dont je n'étais éloigné que de vingt lieues.

CHAPITRE IX.

Voyage économique. Fête à Rovillo. Ce qui s'en suivit. Départ pour Madrid.

Des douze francs que don Garcias avait bien voulu m'avancer j'avais été obligé de payer pour neuf francs de dettes criardes, et il ne me restait plus qu'un petit écu pour faire vingt lieues, payer mon cheval de louage, le nourrir, nourrir un homme qui me suivait pour ramener mon cheval, et dîner moi-même en chemin.

Pour comble de malheur, ce cheval ne devait me conduire que jusqu'à Oviédo, où je devais en louer un autre, toujours avec mon petit écu. Je réfléchissais tristement aux moyens de remplir tant de devoirs avec trois livres, et je ne trouvai d'autre expédient que de faire les vingt lieues sur le même cheval, sans le faire manger, et sans manger moi-même. Mon guide, à qui je confiai mon projet, le désapprouva beaucoup; mais il était à pied, et moi à cheval. Je lui dis de se rendre à son aise à Avilas, où je le paierais et lui rendrais sa monture; et, sans m'informer si la chose lui convenait ou non, je piquai des deux, et, à force de coups d'éperon, j'arrivai à Avilas sans avoir débridé et sans avoir touché à mon petit écu. Je trouvai le château désert; don Avilas et tout son monde étaient allés souper à l'abbaye de Santo-Pedro, à un quart de lieue d'Avilas. Je mis mon cheval à l'écurie, ou, pour mieux dire, sur la litière, et, prenant mes jambes à mon cou, je gagnai l'abbaye le plus vite que je pus, comptant bien satisfaire la faim qui me pressait depuis le matin. Je fus reçu à merveille par l'abbé Taschero et par don Avilas. Je me mis à table avec grand plaisir, je mangeai comme un ogre, et l'on me ramena le soir à Avilas, où arriva le lendemain mon guide, à qui je payai, avec l'argent que don Avilas me prêta, sa course et celle du cheval qui était fourbu.

Don Angelo, dont je vous ai déjà parlé, était encore exilé à Avilas, et dans l'instant où j'y arrivai il était fort occupé d'une fête qui devait se donner dans un château voisin : voici à quelle occasion. La marquise de Careva, femme de qualité, et dont le mari était notre ambassadeur en Hesse, était venue passer l'été dans sa terre de Rovillo, située à une petite lieue d'Avilas. Elle avait amené avec elle son fils, âgé de dix ou douze ans, et cet enfant, ou plutôt son précepteur, conçut le projet de donner une fête à sa mère le jour de l'Assomption. Don Angelo, qui allait souvent à Rovillo, fut dans le secret, et se mit à la tête de tous les arrangemens. J'arrivai sur ces entrefaites. Je connaissais depuis mon enfance la marquise de Careva ; je fus enchanté d'être le lieutenant de don Angelo pour tous les préparatifs de la fête. Ils se firent sans que celle pour qui nous travaillions s'en doutât ; l'on eut soin de la faire aller dîner à Avilas le jour de la fête, et le soir, à son retour, son carrosse s'arrêta devant la porte d'une grange : elle y entra, et trouva un fort joli petit théâtre : une musique complète la reçut ; la toile se leva, et nous jouâmes deux comédies, dont l'une était faite pour elle. La marquise, transportée, vint embrasser tous les acteurs et actrices. Elle voulut retourner à son appartement, elle le trouva transformé en un café; tous les gentilshommes du canton s'étaient rassemblés au château; le café était rempli de petites tables de quatre couverts chacune; chaque table était sous un berceau de verdure parfaitement illuminé; un garçon du café, vêtu de blanc et orné de rubans roses, était à la porte de chaque berceau pour servir les quatre convives; des guirlandes de fleurs unissaient les différens berceaux, et étaient si artistement rangées, qu'elles formaient partout le chiffre de la marquise de Careva. Pendant le souper, une musique charmante ajoutait à l'illusion, et la marquise, transportée, se croyait à peine la maîtresse du café. Après souper, feu d'artifice, et, après les fusées, des proverbes. Le bal nous conduisit au jour. Tant que le soleil demeura sur l'horizon, tous les habitans de Rovillo dormirent : le soir on se réveilla pour recommencer, et, pendant trois nuits que la fête dura, le désordre le plus agréable et la joie la plus vive régnèrent dans le château. Pour préparer cette fête j'avais fait plusieurs séjours au château de Rovillo; rien ne lie comme la comédie, il faut être toujours ensemble; les répétitions générales, particulières, le secret que l'on veut y mettre, tout cela rapproche infiniment, et, tout en répétant un rôle de valet, j'étais devenu amoureux d'une petite demoiselle qui jouait les amoureuses, et les jouait presque aussi froidement que M. l'amoureux, et c'est beaucoup dire. Cette jeune personne s'appelait dona Rincora : elle était jolie comme un ange, bien faite, blanche comme un lis, douce, timide, mais elle avait peu d'esprit ; et je suis certain que, pendant trois semaines à peu près que dura ma passion pour elle, malgré mes assiduités, malgré mon affectation à être toujours auprès d'elle, malgré mon attention à lui adresser des choses agréables, malgré même cinq ou six demi-déclarations, je suis convaincu qu'elle ne se douta seulement pas que je l'avais distinguée. Cette froideur m'irritait, loin de me décourager, et le dépit me soutenait presque autant que l'amour.

Après la fête je revins à Avilas avec une dame qui avait joué la comédie avec moi, et qui, par la suite, tiendra une grande place dans ces Mémoires. C'était dona Menilla. Dona Menilla était née fille de qualité des Asturies; elle avait eu une grande passion longtemps traversée par son père et par sa famille; sa constance avait surmonté tous les obstacles, et à la fin elle avait épousé don Menillo, qu'elle aimait depuis tant d'années. Leur union était aussi heureuse qu'elle avait été difficile à former. Ils étaient chéris et estimés de toute la province : mon oncle avait été assez heureux pour être un des premiers à les accueillir; ils étaient allés plusieurs fois à Avilas pendant que j'étais page, et les malheurs et la constance de dona Menilla me l'avaient fait connaître avant de l'avoir vue. Je fis une connaissance réelle avec elle chez la marquise de Careva; elle contribua plus qu'une autre aux charmes de la fête, par son esprit et par ses talens. Dona Menilla est une des meilleures musiciennes d'Espagne; la harpe et le piano enchanteraient sous ses doigts, si les agrémens de son chant ne l'emportaient encore sur ces harmonieux instrumens. Ses talens, dont elle est peu fière, ne sont rien auprès du charme de son esprit; son imagination, naturellement vive, est tempérée par un fonds de tendresse que ses malheurs ont augmenté; née pour aimer, et ayant rempli sa destinée, elle a plus de sensations que les autres femmes; et l'atmosphère qui l'entoure est d'un air plus doux que celui que l'on respire ailleurs. Son époux, le plus loyal des hommes, mérite tout ce qu'elle a fait pour lui, par une franchise, une candeur et une égalité inaltérables. On connaissait à Avilas le prix de deux hôtes si aimables, et c'étaient eux que mon oncle avait le plus regrettés en quittant les Asturies. Je restai peu de temps avec eux, parce que cet oncle m'écrivit de me rendre à Madrid, où je trouverais de nouveaux ordres de lui pour aller le joindre. J'obéis ; je pris congé avec peine des habitans d'Avilas, et je partis pour Madrid en emportant un petit souvenir tendre de dona Rincora.

CHAPITRE X.

Séjour à Madrid. Aventure du Colisée. Départ et arrivée à Fernixo.

En allant à Madrid, je m'arrêtai un jour chez don Britinno, avocat général du conseil de Castille, et exilé dans sa terre, comme tous les autres membres de ce conseil ; don Angelo m'y avait conduit, et je l'y laissai un peu épris des charmes de madame l'avocate générale. Je continuai ma route vers Madrid par une voiture publique, et mon premier soin fut, en arrivant dans cette grande ville, d'aller voir l'abbé Marianno, qui était toujours dans le nouveau conseil que le roi avait substitué à celui qu'il avait exilé. L'abbé Marianno me reçut à merveille, me remit de l'argent que mon oncle lui avait envoyé pour moi, et je n'eus pas plus tôt cet argent, que je brûlai de ne l'avoir plus ; cela ne fut pas long : le spectacle, et mille autres occasions de dépense qui s'offrent à Madrid à chaque pas consumèrent bientôt le peu de piastres que mon oncle m'avait fait donner. Il ne m'arriva rien d'intéressant pendant le séjour que je fis dans la capitale, excepté une petite histoire, qui ne fut pas très-glorieuse pour moi. J'étais au Colisée avec mon uniforme d'artillerie. J'aperçus une fille bien mise et très-jolie ; j'allai l'accoster ; j'eus de la peine à lier la conversation, parce que mon habit bleu ne lui donnait pas grande idée de mon opulence : enfin je parvins cependant à causer avec elle, et je fus joint dans le moment par un des amis que je m'étais faits dans les Asturies. Cet ami vit bientôt quels étaient mes projets, et, pour les seconder autant qu'il pouvait, il me demanda de l'air du monde le plus simple si j'avais mon carrosse ; je répondis aussi simplement que j'étais à pied, parce que j'avais un cheval boiteux. La belle dame écoutait et ne disait rien ; mon ami et moi lui offrîmes de la ramener en fiacre, et ce ne fut pas sans avoir beaucoup juré contre le malheur d'avoir un cheval boiteux. Notre belle avait l'air de nous croire ; elle consentit à être reconduite : nous sortons, et je ne me possédais pas de joie : je cours chercher un fiacre, il n'y en avait plus ; quel malheur ! Je la décide à aller à pied ; elle s'y résout, et me voilà dans l'allée du Colisée, serrant de toutes mes forces le bras de ma belle, la conjurant d'aller plus vite, et regardant à peine mon ami, qui courait presque pour nous suivre. Tout à coup la belle s'arrête, et me dit : Je suis perdue ! voilà mon amant qui vient à nous ; il est jaloux, et, s'il nous voit, rien ne me dérobera à ses fureurs. Rien, beauté divine ? Ah ! pensez mieux de mon courage.

Avant d'aller au cœur que son bras veut percer,
Voilà par quel chemin ses coups doivent passer.

En disant ces vers, j'avais une main sur la garde de mon épée ; mais elle reprit avec vivacité : Écoutez, un combat ne servirait de rien ; allez-vous-en ; je m'appelle mademoiselle Clarisse ; je loge rue d'Estramadoure, au premier, chez un tapissier : demain, à deux heures, je vous attends ; il y a un pied de biche à la sonnette. Elle se dégage de mon bras en me disant ces mots ; je cours après elle pour savoir s'il y avait plusieurs tapissiers : Il n'y en a qu'un, me crie-t-elle ; et je la perds de vue.

Je me gardai bien de dire à mon ami l'adresse de la belle Clarisse. Je retournai chez l'abbé Marianno, ivre de joie : pendant tout le souper je ne tenais point sur ma chaise, je riais tout seul de ma bonne fortune ; je comptais à part moi toutes les heures qui me restaient jusqu'au lendemain ; je me disais que ceci ne ressemblait point aux belles de Durango. Diable! quelle différence! une beauté de Madrid, bien mise, bien parée! Cette aventure devait m'immortaliser : on avait beau me demander d'où venaient mes sourires, mes distractions et mes sauts sur ma chaise, je répondais avec un petit air mystérieux que ce n'était rien. Enfin j'allai me coucher, enfin je m'endormis, enfin six heures du matin sonnèrent, et je sautai à bas de mon lit pour me mettre à ma toilette.

Jamais mon perruquier n'a été tant grondé; j'avais pris trois miroirs pour me voir de partout : à huit heures j'étais coiffé, habillé, adonisé. Je prends un fiacre, et je dis prudemment : Au coin de la rue d'Estramadoure. Le cocher fouette, et j'arrive. Je descends, je paie, et, tout en payant, mes yeux cherchaient le tapissier. Je parcours la rue, j'en découvre un, je monte sans hésiter, je vois une porte, je vois le pied de biche que la belle Clarisse m'avait indiqué; je tressaille, je sonne; une vieille femme vient m'ouvrir, et me demande qui je veux : Mademoiselle Clarisse, lui dis-je d'un air impatient; elle me ferme brusquement la porte au nez, en me disant une injure que je n'entendis pas trop bien. Confondu de l'accueil, je crois m'être trompé; je descends pour demander au tapissier chez qui j'avais frappé : c'était chez un vieux prêtre qui demeurait avec sa vieille gouvernante, et mademoiselle Clarisse était inconnue dans le quartier.

Un peu confus de mon aventure, j'allai déjeuner tout seul dans un café. J'y réfléchis sur le peu de certitude des biens de ce monde, et je revins dîner tristement chez l'abbé Marianno, où je fus moins gai et plus tranquille sur ma chaise que je ne l'avais été la veille.

Pendant mon séjour à Madrid j'avais eu l'honneur de revoir l'infant don Juan, qui m'avait fort bien accueilli; j'avais été faire visite à tous mes amis, à tous mes protecteurs; don Sibalto, le beau-père de don Avilas, m'avait comblé de caresses, et sa maison m'était ouverte à toute heure; toutes mes anciennes connaissances m'avaient revu avec plaisir, et j'avais profité de mon séjour à Madrid pour renouer des liens que l'absence affaiblit au moins, si elle ne les rompt pas.

Je reçus bientôt une lettre de mon oncle, qui m'ordonnait de partir de Madrid avec l'abbé Marianno, qui venait à Fernixo voir don Lope de Véga son oncle. Je devais voyager dans un carrosse que mon oncle faisait faire, et qui devait suivre la chaise de poste de l'abbé Marianno; mais cet abbé, qui n'aimait pas mon oncle, voulut lui faire la petite niche de laisser sa voiture à Madrid: en conséquence, sous prétexte qu'elle n'était pas finie, il me dit de me préparer à courir devant sa voiture. La poste n'était pas une allure effrayante pour moi; j'achetai des bottes et un fouet, et je partis de Madrid, galopant devant la chaise de l'abbé Marianno, où il était avec un de ses amis nommé Soravo, et qui voulait aller voir don Lope sous les auspices de son neveu.

Au bout de deux jours de route, nous nous arrêtâmes à cinquante lieues de Madrid, chez don Bertiro, premier président du nouveau conseil de Castille : nous nous y reposâmes trois jours, après quoi nous nous remîmes en route, et après trois journées terribles, dans l'une desquelles je fus vingt-trois heures à cheval, après avoir passé de nuit les montagnes affreuses du royaume de Valence, toujours marchant au bord des précipices, et ne pouvant cependant pas vaincre le sommeil qui m'accablait, après quatre chutes qui ne me firent nul mal, j'arrivai à Fernixo, moulu, couvert de boue, et accablé de fatigue et de besoin de dormir.

CHAPITRE XI.

Ce que c'était que ma tante, seconde du nom. Épisode de Podilletta.

Il était onze heures du matin lorsque j'entrai au grand galop dans la cour du château de Fernixo; j'avais laissé loin derrière moi l'abbé Marianno et son compagnon de voyage. Je reconnus à peine Fernixo, tant Lope de Véga l'avait embelli. La première personne que je rencontrai fut l'aumônier de don Lope. Je lui demandai des nouvelles de ce grand homme : cet aumônier ne me reconnut pas, et m'apprit que don Lope et donna Nisa étaient allés dîner chez un voisin. Alors je me fis conduire à l'appartement de mon oncle, qui était aussi sorti. Fâché de ne trouver personne, je demandai où logeait la nouvelle femme de mon oncle. On me mena à sa porte, à laquelle il n'y avait point de clef : je frappe, j'entends une petite voix féminine qui crie : Qui est là ? Moi, repris-je. — Qui, vous ? Le neveu de mon oncle, répondis-je de la meilleure foi du monde. Sur-le-champ la porte s'ouvre, et une petite femme me saute au cou avec un transport de joie que je ne pouvais comprendre.

Ma tante, car c'était elle, m'accablait d'embrassemens; et me disait les choses les plus tendres. Moi, qui la voyais pour la première fois, qui étais excédé de fatigue, je ne répondais pas un mot à tous ses discours, et ma froideur commençait à piquer ma tante, lorsque mon oncle arriva. J'allai à lui, je l'embrassai; et comme sa femme fit quelques pas pour venir à nous, je m'aperçus qu'elle boitait; alors j'ouvris la bouche, qui avait été fermée jusque-là, pour lui dire qu'elle avait une épine dans le pied. Non, mon neveu, reprit-elle, ce n'est rien. Pardonnez-moi, madame, car vous boitez beaucoup. — Mon neveu, c'est que je suis boiteuse. — Ah! c'est différent. Voilà mon premier compliment à ma nouvelle tante. Elle n'était pas mal de figure, elle n'était pas sans esprit, et don Lope avait assez d'amitié pour elle; mais elle avait un fonds d'aigreur et d'impatience dans le caractère qui la faisait souvent disputer; elle était coquette avec tous les hommes, et méchante avec toutes les femmes; grande caresseuse, les baisers et les larmes ne lui coûtaient rien; et en moins d'une heure je m'aperçus à merveille que mon oncle était absolument subjugué par elle. Je la priai de vouloir bien me faire donner à dîner et un lit; mais elle avait trop d'amitié pour moi pour m'accorder toutes mes demandes; elle me fit manger un morceau, et voulut me conduire avec elle chez un Minorquois de ses amis qui leur donnait à souper. J'allai donc m'habiller malgré ma fatigue, et pendant ce temps arriva l'abbé Marianno, qui reçut assez froidement les politesses dont l'accablait ma tante. Enfin nous montâmes en carrosse, et nous partimes pour la maison du Minorquois. Pendant le chemin ma tante me combla de caresses; pendant le souper ce fut de même; moi, je n'étais occupé qu'à m'empêcher de succomber au sommeil. Enfin nous revînmes à Fernixo, j'eus la permission de m'y livrer. Le lendemain je fis ma cour à don Lope et à dona Nisa, qui me reçurent à merveille. Dona Nisa eut une conversation avec moi pour m'assurer que ce n'était pas elle qui avait marié mon oncle. Elle me faisait trop d'honneur en croyant que je m'en occupais, je pensais à toute autre chose; et, pendant mon séjour à Fernixo, je ne songeai qu'à me distraire et à chercher de la dissipation.

Il y avait au château une petite enfant de huit ans que dona Nisa aimait avec passion : c'était la fille de cette dona Podilla, nièce du grand Caldéron, que don Lope avait dotée et mariée. La jeune Podilletta n'était pas jolie, mais sa petite mine était pleine d'esprit : vive comme le salpêtre, elle impatientait souvent dona Nisa qui lui montrait à jouer du clavecin; mais, au milieu de la plus grande colère, une saillie de Podilletta faisait éclater de rire dona Nisa. Cette petite fille était insupportable, mais charmante, et ses graces égalaient ses défauts. Fort avancée pour son âge, elle entendait presque tout ce que l'on disait; elle n'était encore animée que par le feu de son esprit, mais l'on pouvait dire avec confiance que bientôt un autre feu viendrait s'y joindre, et, quoiqu'elle n'eût que huit ans, de temps en temps on en voyait poindre des étincelles.

Podilletta prit beaucoup d'amitié pour moi; elle était toujours à mes côtés, elle m'embrassait souvent, souvent ce n'était pas sur mes joues, et elle faisait semblant de s'être trompée. Dès que je sortais avec mon fusil, pour aller tuer quelques becfigues dans les vignes, Podilletta me suivait, elle me tenait par la main, se cachait derrière moi à l'instant où je tirais, et courait ramasser l'oiseau tué, en sautant sur les échalas avec une agilité et une grace charmante. On se moquait de l'amour de Podilletta, et la moindre raillerie là-dessus la mettait en colère: cette enfant était singulière pour son âge. Une conversation qu'elle eut avec moi m'étonna plus que tout ce que nous avions vu.

Nous revenions de la chasse tous les deux; elle portait mon gibier, suivant sa coutume, et me donnait la main, lorsqu'un chien vint nous aboyer et lui fit peur : je pris une pierre et j'en frappai le chien. Ah! prends garde, dit Podilletta, ce chien pourrait venir te mordre. Podilletta n'avait pas coutume de me tutoyer; je fus un peu étonné de cette nouveauté, et sans vouloir la lui faire apercevoir, je lui répondis : Il n'y a rien à craindre, n'ayez pas peur....... Ah! ce n'était pas pour moi que j'avais peur; mais apparemment monsieur trouve mauvais que je l'aie tutoyé...... Moi? non, je vous assure; au contraire, vous m'avez fait plaisir....... Ah! si cela était, vous m'auriez dit : tu m'as fait plaisir....... Ne soyez pas fâchée, Podilletta, si je ne vous tutoie pas, ce n'est permis qu'à des frères et sœurs, et à des maris et femmes....... C'est permis aussi à ceux qui s'aiment, et voilà pourquoi vous ne vous le croyez pas permis, parce que vous ne m'aimez pas....... Je vous aime de tout mon cœur, ma chère Podilletta..... Ah! vous m'aimez? Comment m'aimez-vous?....... Comme la sœur la plus gentille que l'on puisse aimer....... Monsieur, je ne veux point de cette amitié-là, et j'aime mieux n'être point aimée que de l'être comme cela...... Eh! comment voulez-vous donc que je vous aime, Podilletta?..... Comme un mari aime sa femme quand il y a deux jours qu'ils sont mariés..... Eh bien, je vous aimerai comme ma femme..... En ce cas, dis donc, Je t'aime, et

Jeunesse P. 102.

embrasse-moi en disant encore, Je t'aime..... Je t'aime de tout mon cœur, ma chère amie, et je l'embrassai. — Podilletta fut enchantée ; nous fîmes le reste du chemin toujours causant, toujours Podilletta cherchant les tournures de phrases par lesquelles elle pouvait me tutoyer davantage ; et nous arrivâmes au château du meilleur accord du monde.

J'avais résolu de voir jusqu'où irait cette singulière enfant ; de sorte qu'en entrant au salon je dis exprès que je venais de ma chambre. Sans nous être donné le mot, Podilletta dit qu'elle venait de jouer dans le jardin. Elle me proposa bientôt une partie de piquet, que j'acceptai. Podilletta jouait mal au piquet, je la gagnais ; elle se fâcha, je la gagnais toujours. Elle prit de l'humeur et me jeta les cartes au nez. Alors je lui dis du plus grand sérieux, et de manière à être entendu de tout ce qui était dans le salon : Ce que vous faites là n'est pas bien, Podilletta, après ce qui s'est passé il y a une demi-heure. Tout le monde demande en riant ce qui s'est passé ; je ris moi-même, en affectant de regarder Podilletta, qui, rougissant jusqu'au bout des ongles, me lança un coup d'œil terrible. — Vous êtes un monstre, me dit-elle, et jamais je ne vous reverrai ; en disant ces paroles elle tire sa chaise et sort du salon. C'est en vain que dona Nisa la rappelle ; rien au monde ne peut arrêter sa course. Alors je contai à dona

Nisa la plaisante histoire de la petite Podilletta. Dona Nisa en rit moins que ceux qui ne s'intéressaient pas autant qu'elle à Podilletta ; elle se leva pour aller voir ce qu'elle était devenue ; elle la trouva dans son lit avec le pouls très-agité et ne voulant voir personne. On la laissa. Le lendemain elle affecta de m'éviter, et depuis ce temps elle ne m'a jamais pardonné mon indiscrétion. Lorsque nous racontâmes tous ces détails à don Lope, il s'écria avec enthousiasme : Ah ! que c'est respectable.

CHAPITRE XII.

Nouvelles de Durango. Arrivée de mon père. Ennui, bals, amours, chasse. Vaisseau cassé dans la poitrine de ma tante.

Cependant le temps s'écoulait ; nous étions au mois de novembre 1772 : je passais mon temps à chasser, à faire de la musique et à aller à une comédie qui n'était qu'à deux lieues de Fernixo. Le soir j'accompagnais avec ma mandoline la petite Podilletta, qui chantait en jouant du clavecin, et qui me conservait toujours sa rancune. J'étais fort bien avec mon oncle ; j'étais encore mieux avec ma tante, malgré les petites querelles que nous avions assez fréquemment; il y avait plus de ma faute que de la sienne si nos brouilleries ne duraient pas ; mais c'est une vérité que je dois confesser, jamais je n'ai pu garder de fiel contre qui que ce soit plus de vingt-quatre heures ; le sommeil a toujours mis fin à mes inimitiés; et tous les matins j'allais déjeuner avec ma tante de la meilleure amitié du monde.

Un jour que nous revenions de la comédie, on me remit un paquet de lettres pour mon oncle et pour moi: j'eus bientôt trouvé les miennes, et j'en vis une adressée à mon oncle, et timbrée de Durango. Je la lui remis avec quelque inquiétude ; cette inquiétude était fondée; c'était une épître de la marchande de poisson, qui faisait part à mon oncle du goût que j'avais eu pour le saumon frais, et lui envoyait le mémoire de tous ces soupers qu'Estevan et moi nous comptions bien avoir payés.

Ce mémoire se montait à cent écus ; Estevan en avait autant pour son compte; ainsi six cents francs et les à-comptes que nous avions donnés ont sûrement bien acquitté tout ce que nous devions à nos charmantes poissonnières. Mon oncle, qui n'a jamais aimé le saumon, trouva ce mémoire fort ridicule, et faisait semblant de ne vouloir pas le payer; quand je vis cela, je fis semblant aussi d'être fort triste, fort repentant : je fis encore semblant d'être de l'avis de ma tante sur deux ou trois points où personne n'était de son opinion; je fis semblant encore de la trouver plus jolie qu'à l'ordinaire, et ma tante me fit payer mon mémoire de saumon.

Cette affaire-là finie; je croyais être tranquille; mais une outre lettre de Durango vint me donner une alarme plus sérieuse : notre commandant me manda que le roi avait réformé l'école d'artillerie, et que nous étions tous dispersés et renvoyés à la suite des différens régimens de ce corps. Je m'en consolai plus aisément que mon oncle, parce que, s'il faut parler franchement, les mathématiques m'ennuyaient fort, et j'enviais intérieurement le bonheur des officiers des autres corps qui avaient le droit de ne rien faire. Je me promis bien de profiter de l'occasion pour rentrer dans ce beau droit. Je ne découvris cependant mon projet à personne; au contraire, je feignis d'être au désespoir, et mon oncle essaya de me consoler. On écrivit à mon père, on tint conseil chez dona Nisa pour savoir ce que l'on devait demander. Moi, qui n'étais inquiet de rien, j'allais danser avec les filles du village, tandis que l'on se consultait, ou bien je faisais ma cour aux femmes de chambre de dona Nisa, et dès que je voyais tout le monde bien occupé dans le salon à discuter une question intéressante, je passais par la garderobe, et j'allais causer avec une certaine Rosette qui raccommodait des rideaux dans la salle à manger; j'allais l'aider à son ouvrage, et je ne rentrais au salon que lorsque les laquais, qui venaient mettre le couvert, m'obligeaient de quitter ma couturière. Quelquefois j'allais à la chasse, et je ne rentrais qu'à la nuit. Un soir que j'en revenais, et que, n'ayant point trouvé de gibier, je m'étais amusé à penser à cette petite Rincôra que j'avais vue à Rovillo, j'entrai chez mon oncle, qui me dit, d'un ton très-sérieux, qu'après avoir mûrement réfléchi à ma position, il m'exhortait fort à quitter le service et à aller habiter la terre de Niaflor avec mon père; que je l'aiderais, que je me marierais; et en me débitant là-dessus toutes les belles choses qui se sont dites, depuis les Géorgiques jusqu'aux Éphémérides, sur le bonheur de cultiver son champ, il finit par conclure que je ne trouverais le bonheur qu'entre une charrue et une tendre épouse. D'après les souvenirs qui m'étaient venus à la chasse, je lui répondis que j'y consentais de tout mon cœur, pourvu que l'on me fît épouser tout de suite une certaine petite Rincôra, dont j'étais très-amoureux depuis très-long-temps. Mon oncle, enchanté, prend les nom, surnoms et demeure de la signora Rincôra; il écrit sur-le-champ à don Avilas pour lui demander des éclaircissemens, et moi je fus décidé pendant toute la soirée à épouser Rincôra, si on me la donnait. Je me couchai, et le lendemain, au déjeuner de ma tante, je lui dis que décidément je voulais servir et ne jamais me marier. La lettre était partie, et, grace à la prudence de don Avilas, la négociation ne s'entama pas.

Sur ces entrefaites mon père arriva : je le revis avec un sentiment bien vif; j'ai toujours aimé mon père autant que moi-même. Ce bon père me trouva grandi, et ne se lassait pas de me le dire; il m'embrassait à chaque instant du jour. Dès le lendemain de son arrivée il voulut voir un peu comment j'étais dans mes affaires; le compte n'était pas difficile : j'avais un écu d'argent comptant, un habit retourné, une veste, une paire de culottes, une paire de souliers, un chapeau, deux paires de bas, dont une mauvaise, quatre chemises toutes trouées, deux épées et une cocarde toutes neuves. Mon père me conduisit à la ville voisine et me rhabilla. J'avais un peu l'air de l'enfant prodigue. Don Lope riait beaucoup de tout ce qui m'arrivait. Doña Nisa s'intéressait véritablement à moi; ma tante disait que j'avais de beaux yeux, mais qu'ils n'étaient pas assez tendres; mon oncle prétendait que je n'avais nul usage du monde, et que je n'aimais pas assez les femmes : mon père ne disait rien et m'achetait des chemises.

La maison que don Lope faisait bâtir pour mon oncle se trouva prête à peu près dans ce temps-là.

Nous quittâmes donc le château de Fernixo, et nous allâmes l'habiter : ce fut dans cette nouvelle maison que mon père et mon oncle décidèrent de me faire entrer dans la marine. Nous écrivîmes à mon protecteur l'infant don Juan, qui était amirante de Castille, pour obtenir une place de garde de la marine. L'infant nous répondit et nous promit qu'il ferait ce qu'il pourrait; mais les jours se passaient sans que nous eussions de nouvelles certaines : je m'ennuyais beaucoup, et, pour me dissiper, je louai une chambre dans le village, où je donnai des bals tous les dimanches aux belles de Fernixo. Parmi mes danseuses, la fille d'un horloger me parut plus aimable que les autres; je le lui dis : elle avait quinze ans, elle me répondit qu'elle me trouvait aussi très aimable; nous aimions mieux nous le répéter que de danser; ou bien quand nous dansions, c'était toujours ensemble. Je commençais à ne plus tant m'ennuyer lorsque le père de la naïve Pirennetta jugea à propos de lui interdire le bal. Dès que nous ne pûmes plus nous voir, nous nous écrivîmes, et je lui donnai un petit cœur d'or que ma tante m'avait donné; ce cœur ne m'avait jamais fait plaisir que dans l'instant où je le donnai à Pirennetta. Elle me donna en échange un petit cœur d'émail que j'attachai à ma montre pour ne jamais le quitter; nous nous dîmes adieu en pleurant. Elle partit, et nous convînmes d'une certaine marque qu'elle devait faire sur toutes les cheminées des auberges où elle entrerait, afin que lorsque je repasserais je pusse être sûr qu'elle s'était occupée de moi. Enfin elle partit, et mes bals ne m'amusèrent plus. D'ailleurs le curé et les pères des danseuses ne les approuvèrent pas ; il fallut y renoncer. Je me retournai du côté de la chasse, et j'y passai mes journées. Mais le malheur, qui me poursuivait, me fit chasser sur les terres d'un gentilhomme minorquois : ces Minorquois sont très-fiers, et s'appellent entre eux magnifiques seigneurs. Le magnifique seigneur me rencontra chassant sur son terrain, et me demanda de quel droit j'y chassais : De quel droit? lui dis-je,

> Du droit qu'un esprit vaste et ferme en ses desseins
> A sur l'esprit obscur du reste des humains ;

et je continuai ma chasse. Le magnifique seigneur me demanda mon nom. J'avais bien envie de lui dire : « Tu l'apprendras en recevant la mort; » mais je crus qu'il était plus beau de ne le point cacher ; je le lui dis à haute voix, et je chassai toujours. Lui, il s'en alla conter à mon oncle que son neveu était fort peu respectueux envers les magnifiques seigneurs. Grande colère de la part de mon oncle, reproches. Enfin je renonçai à la chasse, et je me jetai du côté de la dispute pour passer le temps : mes disputes me brouillèrent presque avec ma tante, qui fut attaquée dans ce moment de la poitrine, et n'en devint qu'un peu moins aimable : comme cette maladie donne de l'humeur, et qu'elle ne laissait pas d'en avoir beaucoup contre moi, elle eut la charité de m'accuser auprès de mon oncle de lui avoir cassé un vaisseau. Le fait était que ma tante chantait et voulait que je l'accompagnasse avec ma mandoline; ma malheureuse mandoline était un peu haute à la vérité, et comme je ne savais pas bien l'accorder, je ne voulais pas la descendre; ma tante chantait à mon ton, et elle prétendait que mon *la* l'avait tuée. Enfin ma tante cracha du sang. Mon oncle se mit à la soigner, et la malade devint chaque jour plus acariâtre. Mon brevet n'arriva point : mon père s'impatienta de tout ce qu'il voyait; nous prîmes congé de don Lope et de dona Nisa : nous fîmes nos malles, où j'eus soin de mettre la mandoline, et, après avoir embrassé mon oncle et ma tante, nous partîmes de Fernixo le 31 décembre, et prîmes la route de Carthagène.

CHAPITRE XIII.

Voyage à Madrid ; résultat. Voyage à Avilas. Changement de corps.

Le chemin que nous parcourions était le même que celui qu'avait suivi la jeune Pirennetta. Je reconnus sur toutes les cheminées les marques amoureuses dont nous étions convenus ; j'y ajoutai les miennes, et j'y traçai partout avec la pointe de mon couteau : J'aimerai toujours Pirennetta. Enfin nous arrivâmes à Carthagène ; là je perdis ses charmantes traces, et là je me séparai de mon père. Cette séparation nous coûta des larmes ; il prit la route du royaume de Grenade, et moi celle de Madrid, par la diligence. Il ne m'arriva rien de remarquable, excepté que je retrouvai vers Cuença les traces de Pirennetta ; mais je les perdis tout de suite après. Je m'amusai fort pendant la route : c'était dans le temps des rois, et nous les tirâmes pendant tout le chemin. Enfin nous arrivâmes à Madrid. Je me logeai dans le premier quartier du palais de don Juan, et le lendemain j'allai lui faire ma cour : il me reçut avec bonté. Je lui demandai une audience particulière qu'il m'accorda : je lui peignis combien ma position était triste ; je lui représentai que mes parens désiraient vivement que je servisse dans la marine, mais que, si cela était impossible, ils ne seraient point du tout fâchés de me voir dans son régiment de cavalerie. C'était là le grand objet de mes désirs. L'infant me promit de m'y placer, si je ne pouvais pas l'être dans la marine, et m'exhorta cependant à aller voir à l'Escurial le ministre de la marine, auquel il avait écrit en ma faveur. Il me donna une seconde lettre de recommandation pour lui, et je courus à l'Escurial. Je fus trois jours sans avoir de réponse à ma lettre ; enfin j'en eus une par laquelle la cinquième place vacante m'était promise. Don Juan m'annonça cette triste nouvelle, que j'appris sans me désespérer. Je lui reparlai de la cavalerie, et il me promit de penser à moi dans son premier travail sur son régiment. Un peu rassuré par cette espérance, je restai à Madrid, ménageant mon argent le plus que je pouvais, cultivant mes connaissances, allant souvent au spectacle, et mangeant presque tous les jours chez l'abbé Marianno, qui était toujours dans le nouveau conseil de Castille.

Pendant mon séjour à Madrid, je cherchai à découvrir où était la pauvre Pirennetta. J'y parvins, et j'allai chez l'horloger où son père l'avait envoyée.

Je la trouvai malade : elle était au lit, pâle comme un lis, et je vis à son cou le petit cœur d'or que je lui avait donné : je ne puis pas vous rendre combien je fus ému de voir Pirennetta malade. Je ne pus lui parler en particulier ; elle me pria même de ne pas revenir la voir, parce que son père le saurait et la rendrait plus malheureuse : je lui obéis avec peine ; je n'y retournai plus ; mais je conservai toujours d'elle un souvenir triste et bien tendre.

Je faisais ma cour tous les jours à l'infant, pour qu'il n'oubliât point ce que je lui avais demandé. Au bout d'un mois, ce prince m'annonça qu'il m'avait donné une sous-lieutenance dans son régiment de cavalerie, et que je pouvais compter dessus, si dans deux mois je n'étais pas garde de la marine. Je remerciai beaucoup mon protecteur, et, n'ayant plus d'affaires à Madrid, je résolus d'aller attendre à Avilas l'expiration de mes deux mois. Je partis donc pour Avilas par la voiture publique, et j'y trouvai le maître et la maîtresse de la maison à peu près seuls. Je passai avec eux février et mars 1773, ne m'amusant pas trop, parce que je ne savais pas m'occuper, et l'instant où il fallait monter dans ma chambre était terrible pour moi : je ne savais que devenir ni que faire. Don Angelo n'était plus à Avilas ; il avait eu la survivance de son père, et était retourné à Madrid ; nous étions absolument seuls, dans le fort de l'hiver à la campagne. Je m'occupais à copier des chansons et à faire un ouvrage de métaphysique, que j'ai depuis jeté au feu : l'ennui m'avait rendu raisonneur, et le raisonnement m'avait rendu athée : j'ai mieux aimé renoncer à raisonner, et je suis revenu de bonne foi à reconnaître un Dieu, mon créateur. Au bout de deux mois, mon brevet m'arriva, et je me préparai à joindre mon régiment qui était en Catalogne. Avant d'y aller, j'avais besoin de passer par Madrid, où je voulais voir don Juan et arranger mes finances ; elles ne se montaient qu'à dix-sept ou dix-huit louis que j'avais confiés à don Avilas : il me les rendit dans une bourse où j'en trouvai vingt-cinq : avec cela je pris congé de lui, et je partis pour Madrid. Mes vingt-cinq louis ne pouvaient me suffire pour faire mon entrée au régiment ; j'empruntai trente louis, pour acheter un cheval, à mon ancien précepteur Vrido, qui me les prêta avec un zèle et plaisir que je n'oublierai jamais. Tranquille du côté de l'argent, je pris congé de l'infant don Juan, et je partis pour la Catalogne avec le jeune D. Montalto, à qui don Juan avait promis son régiment, et qui commençait par être sous-lieutenant comme moi.

FIN.

NOTE DU PREMIER ÉDITEUR.

Cette lettre fut écrite par Voltaire à Florian, environ trois ans et demi après l'époque où ces Mémoires finissent. M. le duc de Penthièvre, qui désirait se l'attacher, lui avait fait obtenir une réforme; et il était fixé auprès de ce prince en qualité de gentilhomme. Cette vie sédentaire changea insensiblement ses habitudes; la littérature espagnole, qu'il avait toujours aimée, vint, non plus seulement comme autrefois, le distraire des folies de sa jeunesse, mais charmer tous ses loisirs, et nous eûmes bientôt Galatée, Estelle, et tant d'autres ouvrages qui prouvent mieux que tout ce que nous pourrions dire le changement étonnant que le goût des lettres opéra sur son caractère.

LETTRE

A M. LE CHEVALIER DE FLORIAN.

Ferney, 9 janvier 1777.

Vous étiez né, monsieur, pour plaire aux princes et pour servir l'État; vous remplirez votre vocation. Nous autres habitans des cavernes du mont Jura, nous partageons les obligations que vous avez à ce prince si vertueux et si aimable, auprès de qui vous avez le bonheur de vivre.

Voilà toute votre famille un peu dispersée : monsieur votre père au fond du Languedoc, monsieur votre oncle à Autun, et vous dans les palais enchantés de Sceaux et d'Anet. Jouissez de votre bonheur, que vous méritez, et agréez les sincères assurances de tous les sentimens que madame Denis et moi nous conserverons toujours pour vous.

J'ai l'honneur d'être, etc.

Le vieux malade de Ferney, V.

NOUVEAUX
MÉLANGES.

L'ENFANT D'ARLEQUIN

PERDU ET RETROUVÉ,

COMÉDIE EN TROIS ACTES ET EN PROSE,

IMITÉE DE L'ITALIEN.

AVERTISSEMENT.

Tout le monde connaît le fameux Canevas des Italiens, intitulé *l'Enfant d'Arlequin perdu et retrouvé*. J'ai toujours regretté que M. Goldoni, auteur de ce sujet si intéressant, n'ait pas pris la peine de le dialoguer et d'en faire une véritable comédie. Il est vrai que ce célèbre auteur, riche déjà de tant d'ouvrages, a pu négliger d'en acquérir un de plus.

J'ai osé essayer ce que j'aurais voulu qu'il eût fait. Je me suis permis quelques changemens au fond de la pièce; j'ai donné, par exemple, un autre motif à la jalousie d'Arlequin que l'horoscope d'un astrologue. J'ai totalement supprimé tout ce qui n'avait pas rapport aux amours de Silvia et de Camille. Il était tout simple que, ne me sentant pas le talent de l'auteur du Canevas, je fisse tous mes efforts pour simplifier mon action.

Je n'ignore pas combien il est dangereux de traiter un sujet déjà connu. Si l'on réussit, tout ce que l'on applaudit était dans le premier ouvrage; si l'on échoue, tous les défauts que l'on critique vous appartiennent à vous seul. Cette vérité n'est pas encourageante, mais elle ne peut arrêter que l'homme qui a plus d'amour-propre que de véritable amour pour son art.

PERSONNAGES.

PANDOLFE, riche négociant de Bergame.
SILVIA, fille de Pandolfe.
LELIO, amant de Silvia.
ARLEQUIN, bourgeois de Bergame.
CAMILLE, femme d'Arlequin.
SCAPIN, valet de Pandolfe.
TRIVELIN, valet de Lelio.

La scène est à Bergame.

L'ENFANT D'ARLEQUIN

PERDU ET RETROUVÉ,

COMÉDIE.

ACTE PREMIER.

Le théâtre représente la promenade de Bergame ; l'on voit des deux côtés des arbres et des maisons. Celle d'Arlequin doit être sur une petite colline dominant le cours. Arlequin en sort, tenant dans ses bras un enfant au maillot. Cet enfant doit avoir à la tête un ruban bleu céleste.

SCÈNE I.

ARLEQUIN *seul ; il parle à l'enfant.*

ALLONS, paix, taisez-vous : vous faites un tapage terrible, il n'y a que pour vous à parler. Je vous ordonne de vous taire; je suis votre père, moi; et vous devez m'obéir. Croyez-vous qu'il soit beau de toujours crier, de toujours dire la même chose? Vous n'avez pas plus de raison qu'un enfant de quatre jours. Songez, monsieur, que demain vous aurez trois semaines; à cet âge-là, il n'est plus permis de faire l'enfant. Devenez raisonnable, entendez-vous; réfléchissez avant de parler..... tenez, il ne dit plus rien, il réfléchit. Oh! il n'y a rien de tel que de parler raison aux enfans; j'ai toujours eu ce principe-là, moi; aussi vous voyez comme il est docile. Allons, assieds-toi sur mes genoux. (*Il s'assied par terre et pose son enfant sur ses genoux.*) Là, sois sage, et causons. (*Camille sort de la maison, et voyant Arlequin avec son fils, elle sourit, et vient se mettre tout doucement derrière Arlequin, de manière qu'elle est tout près de lui, sans pouvoir en être aperçue.*)

SCÈNE II.

ARLEQUIN, CAMILLE.

ARLEQUIN, *sans voir sa femme.*

Comme il est joli! il ressemble à sa mère: il fait bien; s'il m'avait demandé mon avis sur une ressemblance, je lui aurais indiqué celle-là. L'aimes-tu bien ta maman?

CAMILLE, *contrefait sa voix.*

Oui, papa.

ARLEQUIN, *lazzi.*

Oh oh! il parle! il répond! à trois semaines!....... ce sera un prodige. Comment! tu parles! dis-moi donc bien vite si tu aimes ton papa.

ACTE I, SCÈNE II.

CAMILLE, *avec sensibilité*.

Oh! oui, papa.

ARLEQUIN *l'embrasse*.

Tu es charmant, tu parles déjà comme ta mère; tu as même beaucoup de sa voix. Ah çà, écoute : c'est sûrement moi qui t'ai enseigné à parler, car ta première parole a été que tu aimais bien ta maman; c'est moi qui t'ai appris cela.

CAMILLE, *elle embrasse son mari*.

Oui, mon bon ami, et...

ARLEQUIN.

Ah! si tu viens écouter mes conversations avec mon fils, je ne pourrai donc jamais avoir rien de particulier avec lui. Que diable! on croit être seul, et point du tout, l'on vous épie. (*Il se relève.*)

CAMILLE, *riant*.

Pourquoi choisis-tu la promenade publique pour dire des secrets à ton fils?

ARLEQUIN.

Je serais bien resté chez nous; mais cet enfant criait, tu dormais, j'ai eu peur qu'il ne t'éveillât, je l'ai porté ici : je ne savais pas ce qu'il avait à crier, c'est qu'il voulait causer avec moi.

CAMILLE.

Il t'a dit des choses bien raisonnables.

ARLEQUIN.

Bah! raisonnables! il m'a dit des choses tendres, cela vaut mieux.

CAMILLE.

Sans doute.

ARLEQUIN.

Il est fort avancé pour son âge; mais dans la famille des Arlequins nous venons au monde tout savans : cela est si vrai, que nous ne prenons jamais la peine de rien apprendre; aussi je ne veux pas que nous le tourmentions pour son éducation. Non, mon ami, sois tranquille, je veux que tu ries aussitôt que les autres pleurent, et pourvu que tu sois un honnête homme et que tu aimes bien tes parens, tu seras encore plus habile que beaucoup d'enfans plus grands que toi... Mais il s'est endormi; voilà ce que c'est que de leur faire des sermons; je vais le rapporter dans son berceau; viens, rentrons.

CAMILLE.

Encore un moment, mon cher Arlequin, il y a si long-temps que je suis renfermée.

ARLEQUIN.

Non, point du tout, tu n'es pas encore bien rétablie, tu pourrais prendre quelque froid, ce froid-là me tuerait tout de suite; rentrons, rentrons.

CAMILLE.

Allons, tu sais bien que j'aime à t'obéir. (*Arlequin*

ACTE I, SCÈNE II.

donne le bras à sa femme, et s'en va chantant dodo, l'enfant dort : *dans l'instant arrive Silvia avec Scapin.*)

SCÈNE III.

SILVIA, SCAPIN.

SCAPIN.

Nous y voici, mademoiselle, et vous voyez là-bas la maison de la nourrice de monsieur votre fils.

SILVIA.

Quelle imprudence! comment, tu sais l'intérêt que nous avons à cacher cet enfant, et tu vas le mettre en nourrice à deux pas de chez moi, sur le cours encore, dans l'endroit le plus fréquenté de Bergame! et mon père, qui passe ici vingt fois par jour, comment veux-tu qu'il ne découvre pas...

SCAPIN.

Mademoiselle, il n'en est que mieux caché, votre enfant. La meilleure des finesses, c'est de faire comme si l'on n'était pas fin; c'est mon principe à moi, et si j'habitais un pays de fripons, je crois que je me ferais honnête homme pour être le mieux déguisé.

SILVIA.

Lelio ne vient point, je meurs d'impatience d'embrasser mon fils; mais je veux l'attendre, j'aurai bien plus de plaisir à l'embrasser avec lui. Regarde donc, ne le vois-tu pas? lui as-tu bien dit l'heure?

SCAPIN.

Mon Dieu, mademoiselle; je la lui ai dite, votre billet la lui disait, il me l'a répétée au moins dix fois, il n'y a que l'horloge qui ne l'a pas dite encore.

SILVIA, *sans l'écouter.*

Je ne le vois point, Scapin; sait-il bien que c'est ici?

SCAPIN.

S'il le sait, mademoiselle! il y vient plus de dix fois par jour, et c'est une des raisons qui nous ont fait choisir cet endroit. Les personnes qui auraient vu passer et repasser M. Lelio dans quelque rue détournée se seraient doutées de quelque chose : vos amours avec M. Lelio ont fait du bruit; on sait que monsieur votre père s'est servi de toute son autorité pour vous empêcher de vous voir...

SILVIA.

Hélas! Lelio n'a jamais demandé qu'à m'épouser.

SCAPIN.

Et voilà justement ce que ne voulait point M. Pandolfe; ces négocians riches ne prennent point leurs gendres parmi les pauvres militaires; et si vous n'aviez pas pris le parti d'épouser secrètement M. Lelio, je vous réponds bien que jamais vous n'auriez été sa femme.

SILVIA.

C'est ma tante qui a tout fait : et cela n'empêche

ACTE I, SCÈNE III.

pas que l'idée d'avoir trompé mon père n'empoisonne tout mon bonheur.

SCAPIN.

Du courage, mademoiselle, et surtout de la prudence. Voici le moment où elle vous est plus nécessaire que jamais. Tout le monde a les yeux sur vous dans ce moment. Personne n'ignore que madame votre tante protégeait M. Lelio; on sait que vous venez de passer trois mois à la campagne chez cette tante : si malheureusement on venait à découvrir que M. Lelio prend soin d'un enfant de trois semaines, on devinerait qu'il est à vous. On se garderait bien de deviner que vous êtes mariée; l'on ne parlerait que de l'enfant, car on dit le mal, même sans le penser, au lieu qu'on pense le bien sans le dire.

SILVIA.

Ah! le voici....

SCÈNE IV.

SILVIA, LELIO, SCAPIN.

SILVIA, *elle court à Lelio.*

Enfin, vous voilà, mon ami; ne me dites jamais l'heure à laquelle je dois vous voir. Cette heure-là est toujours plus lente que les autres.

LELIO.

Ma chère Silvia, je suis honteux de m'être fait attendre, mais si je n'avais été arrêté en chemin.....

SILVIA.

As-tu besoin de te justifier? Allons vite embrasser notre fils, ce cher enfant que je n'ai pas vu depuis l'instant de sa naissance; allons.

LELIO.

Vous n'y pensez pas, mon amie; gardez-vous bien de paraître devant la nourrice, encore moins dans sa maison. Les caresses d'une mère se déguisent mal, Silvia, et le silence de ces gens-là tient toujours à si peu de chose!

SILVIA.

Hélas! tout ce que j'ai souffert pour cet enfant ne me sera donc jamais payé par la moindre de ses caresses!

LELIO.

Pardonne la sévérité de mes précautions; mais tu n'as pas oublié ce que nous avons promis à ta tante: c'est chez elle et par son secours que tu as joui du doux nom de mère; méritons du moins ses bontés par notre prudence.

SCAPIN.

Mais, monsieur, il n'y a que vous et moi de connus chez la nourrice; je vais demander votre en-

ACTE I, SCÈNE IV.

fant, mademoiselle l'embrassera, et sur-le-champ je le reporterai.

SILVIA, *vivement*.

Oui, Scapin, cours le chercher.

(*Scapin sort.*)

SCÈNE V.

LELIO, SILVIA.

LELIO.

Tu n'es pas prudente, mon amie, tu ne penses pas au danger....

SILVIA.

Je ne pense qu'à mon amour; j'en ai si bien pris la douce habitude, que j'ai perdu le don de pouvoir m'occuper d'autre chose. Tu dois du moins pardonner les fautes que tu fais faire.

LELIO.

Voilà ton fils : Scapin, veille à ce que personne ne nous surprenne. (*Scapin apporte un enfant au maillot, pareil à celui d'Arlequin, celui-ci a un ruban rose à la tête, pour que les spectateurs puissent les distinguer.*)

SCÈNE VI.

SILVIA, LELIO, SCAPIN.

SILVIA, *elle prend l'enfant dans ses bras et l'embrasse avec transport.*

Ah! cher enfant, mon cher enfant, que mon bonheur surpasse mes peines! mon fils! mon cher fils (*elle l'embrasse*) : mon ami (*à Lelio*), c'est ton portrait.

(*Elle l'embrasse plus vivement.*)

LELIO.

Ma chère Silvia, comme je jouis de toutes les caresses que tu lui fais! tu es plus belle encore quand tu l'embrasses! Mais tu pleures....

SILVIA.

Oui, je pleure de joie et d'amour. La vue de cet enfant me rappelle toutes les époques de mon cœur; je me revois au jour, au beau jour, tu ne l'as pas oublié, ou n'espérant plus fléchir mon père, ma tante nous unit en secret. Je me rappelle toutes nos peines pour cacher notre bonheur, et la joie et les chagrins que nous a donnés ce gage de notre amour. Mon imagination va plus loin, mon ami ; je songe que quelque jour mon père saura notre mariage, qu'il nous pardonnera, que notre fils, échappé à tous les dangers de l'enfance, fera notre félicité commune. Alors que me manquera-t-il? Mon père ne me haïra plus, mon fils m'aimera, toi.... Ah! toi tu seras toujours le même; je serai heureuse par tout ce qui m'est cher, et, à la fleur de mon âge, je rassemblerai le bonheur de tous les âges.

LELIO.

Tu le mérites si bien, ma Silvia; mais regarde ton fils, comme il est beau! c'est l'amour qui veille sur lui, et ce qu'il garde est si bien gardé!

SILVIA.

Ne sois donc jamais inquiet de sa mère. (*Lelio lui baise la main avec transport; Scapin, qui a fait le guet, arrive tout effrayé.*)

SCAPIN.

Monsieur, tout est perdu, voilà M. Pandolfe.

SILVIA.

Ah! qu'il ne te voie pas.

LELIO *s'enfuit.*

Adieu, mon amie.

(*Silvia reste avec l'enfant dans ses bras.*)

SCÈNE VII.

PANDOLFE, SILVIA, SCAPIN.

PANDOLFE.

Je vous cherche partout, ma fille....., et l'on

m'avait dit.... Qu'est-ce donc que cet enfant? A qui appartient-il?

SILVIA, *très-troublée*.

Mon père, il est.... il est....

SCAPIN, *vivement*.

A M. Arlequin; vous ne savez pas que sa femme est accouchée depuis quinze jours?

PANDOLFE.

Cela est vrai, il est venu chez moi m'en faire part; je lui dois même ma visite. (*Il prend l'enfant.*) Il est joli cet enfant; pardi j'aurais deviné que c'était le sien; il a tout-à-fait de son air.

SCAPIN.

Oh! il ressemble à son père à s'y méprendre. Nous avons passé devant sa porte, et j'ai voulu que mademoiselle Silvia vit ce joli marmot. Si vous aviez été témoin de toutes les caresses qu'elles lui a faites.... Ah! quand elle en aura, elle les aimera bien.

PANDOLFE.

Allons le rendre à son père, Silvia; nous lui ferons en même temps notre visite.

SCAPIN, *voulant reprendre l'enfant*.

Eh non, monsieur, je vais vous éviter cette peine-là.

SILVIA.

Scapin le reportera, mon père; donnez-moi le

bras, je vous en prie, et allons-nous-en, je me sens beaucoup de malaise.

PANDOLFE.

Voilà ce que c'est que toutes vos promenades. Vous vous plaignez de votre santé, et n'en avez aucun soin; retournez bien vite à la maison, je ne serai qu'un instant chez Arlequin... Eh! le voilà.

SCÈNE VIII.

PANDOLFE, SILVIA, ARLEQUIN, SCAPIN.

ARLEQUIN.

Bonjour, M. Pandolfe, je vous ai vu par ma fenêtre, ainsi que mademoiselle votre fille, et je viens vous demander de vos nouvelles. Ma maison a cela de commode, je vois passer tout Bergame.

PANDOLFE.

Bonjour, mon cher ami, j'allais chez toi te faire mon compliment : il est charmant ton fils ; comme il est gros et gras ! jamais enfant de trois semaines n'a été si bien nourri.

ARLEQUIN.

Est-ce que c'est lui, cela ?

PANDOLFE, *riant*.

Comment ! tu ne reconnais pas ton fils ?

ARLEQUIN.

Ma foi, écoutez donc, il n'y a pas long-temps que

nous vivons ensemble. Mais réellement est-ce lui?

PANDOLFE.

Eh oui; je l'ai trouvé dans les bras de ma fille, qui le caressait de tout son cœur, j'allais te le rendre.

ARLEQUIN.

Tenez, voyez ce petit bon homme-là, je l'ai couché dans son berceau il n'y a pas une demi-heure. Il a fait semblant de dormir pour qu'on le laissât tranquille; et tout cela c'était pour se lever et venir joindre mademoiselle votre fille. Peste, quel égrillard!

PANDOLFE.

Je te conseille de le gronder.

ARLEQUIN.

Donnez-le-moi, que je lui fasse sa petite leçon (*Lazzi avec l'enfant; pendant ce temps Scapin, qui a parlé bas toute la scène avec Silvia, lui dit :*)

SCAPIN, *bas à Silvia.*

S'il rentre chez lui, tout est découvert; je vais enlever le fils d'Arlequin, je trouverai bien les moyens de les retroquer ensuite.

(*Il va dans la maison d'Arlequin.*)

SCÈNE IX.

SILVIA, PANDOLFE, ARLEQUIN.

ARLEQUIN.

A propos, mademoiselle Silvia, je vous demande bien pardon si je n'ai pas eu l'honneur d'aller vous rendre mes devoirs; mais il n'y a pas long-temps que vous êtes de retour; et puis ma femme est accouchée, cela m'a donné un tracas du diable; quand une femme accouche, tout est sens dessus dessous dans une maison. Mais avez-vous été malade pendant votre absence? je vous trouve pâle et maigre.

SILVIA, *troublée.*

Vous êtes bien bon, M. Arlequin; et madame Camille comment se porte-t-elle?

ARLEQUIN.

A merveille; oh! les couches sont toujours heureuses quand le ménage s'aime bien. Ma femme sort déjà; elle se promène... Mais qu'avez-vous, mademoiselle? vous n'êtes pas bien. (*Silvia a toujours regardé du côté de la maison d'Arlequin, Scapin en est sorti avec l'enfant au ruban bleu sous son manteau; dès que Silvia l'a vu passer, elle fait semblant de se trouver mal.*)

SILVIA.

Non, je ne sais pas ce que j'ai; je suis sur le point de me trouver mal.

ARLEQUIN.

Mademoiselle, entrez chez nous, je vous en prie, vous prendrez un peu de fleur d'orange.

PANDOLFE.

Non, mon ami, nous sommes à deux pas. Je vais la ramener. Scapin, Scapin ; où est-il donc ?

SILVIA.

Je l'ai envoyé faire une commission.

ARLEQUIN.

Mademoiselle, si vous voulez quelque chose, je suis le domestique de tous ceux qui ont besoin de moi.

PANDOLFE.

Bien obligé, mon ami. Allons, venez ma fille, et une autre fois croyez ce que je vous dirai. Adieu, Arlequin.

SCÈNE X.

ARLEQUIN, *seul.*

Adieu, M. Pandolfe ; et toi, petit drôle, tu t'émancipes déjà ; tu sors sans la permission de ta mère. Allons, monsieur, aux arrêts dans votre chambre, et jusqu'à nouvel ordre.

(*Il emporte l'enfant de Silvia qui a le ruban rose.*)

FIN DU PREMIER ACTE.

ACTE SECOND.

SCÈNE I.

ARLEQUIN, CAMILLE.

CAMILLE.

Mais je n'ai pas besoin de toi pour aller chez ma mère.

ARLEQUIN.

Je te conduirai seulement jusqu'à la porte, et je reviendrai tout de suite.

CAMILLE.

Et notre enfant va rester seul pendant ce temps-là.

ARLEQUIN.

Il dort, il n'a besoin de personne, et moi j'ai besoin d'être avec toi.

CAMILLE.

Allons donc. (*Cette scène doit se faire en marchant et en traversant le théâtre; ils sortent d'un côté, Pandolfe arrive de l'autre avec une lettre à la main et Trivelin qu'il tient à la gorge.*)

SCÈNE II.

PANDOLFE, TRIVELIN.

PANDOLFE.

Viens ici, viens, tu ne m'échapperas.

TRIVELIN.

Oh! j'en serais bien fâché, monsieur.

PANDOLFE.

Réponds-moi, et prends bien garde à ne pas mentir.

TRIVELIN.

J'aimerais mieux mourir, monsieur, que de manquer de respect à la vérité et à un homme comme vous.

PANDOLFE.

Tu es le valet de M. Lelio?

TRIVELIN.

Oui, monsieur.

PANDOLFE.

Il t'a chargé de porter cette lettre sans adresse à quelque femme?

TRIVELIN.

Il m'a chargé de porter cette lettre sans adresse à quelqu'un.

PANDOLFE.

A qui?

ACTE II, SCÈNE II.

TRIVELIN.

C'est le secret de mon maître, monsieur; si c'était le mien, je n'aurais rien de caché pour vous.

PANDOLFE.

Le maraud! mais ne l'ai-je pas surpris tout à l'heure ouvrant la porte de ma maison?

TRIVELIN.

Oui, monsieur; il faut bien entrer par la porte.

PANDOLFE.

Tu entrais donc chez moi? tu portais donc cette lettre chez moi? elle est donc pour ma fille?

TRIVELIN.

Ah! monsieur, pour un homme d'esprit comme vous, tous vos *donc* ne sont pas justes. Mon maître m'a donné cette lettre à porter à quelqu'un, j'ai passé devant votre maison, j'y suis entré pour savoir des nouvelles de mon ami Scapin, dont la santé m'inquiète, en vérité, depuis quelques jours; vous vous êtes trouvé là, vous avez vu ma lettre et me l'avez arrachée avec une violence, une fureur qui m'ont étonné dans un homme doux et respectable comme vous; j'ai tout souffert avec la tranquillité de l'innocence, et j'attends que, revenu à vous-même, vous me rendiez ma lettre et la liberté de faire ma commission.

PANDOLFE.

Tu es le plus tranquille fourbe que je connaisse.

TRIVELIN.

Je ne répondrai point à cela, ce n'est pas une question.

PANDOLFE.

Je suis bien bon de garder des ménagemens avec M. Lelio. J'ai sa lettre, j'en vais rompre le cachet.

TRIVELIN.

Ah! monsieur, c'est une insulte que mon maître ne mérite pas de votre part; il a eu le malheur d'aimer mademoiselle Silvia, mais depuis que vous le lui avez défendu, il s'est bien gardé de continuer..... Cette lettre n'est pas pour elle, je vous en réponds, je vous en donne ma parole d'honneur.

PANDOLFE.

Pourquoi la portais-tu chez moi? Pourquoi t'avises-tu de mettre les pieds dans ma maison?

TRIVELIN.

Je n'espérais pas vous trouver, monsieur.

PANDOLFE.

La lettre éclaircira mes soupçons.

(*Il veut rompre le cachet, Trivelin l'arrête.*)

TRIVELIN.

Arrêtez, monsieur, je vais tout vous dire.

PANDOLFE.

Parle donc.

TRIVELIN.

Ecoutez : la lettre est pour une femme de votre

ACTE II, SCÈNE II.

voisinage dont mon maître est passionnément amoureux.

PANDOLFE.

Depuis quand ?

TRIVELIN.

Oh! il y a long-temps; c'est depuis qu'il a perdu l'espoir d'épouser mademoiselle votre fille.

PANDOLFE.

Consens-tu à recevoir cent coups de bâton si tu me trompes; et dix louis si tu me dis vrai ?

TRIVELIN.

Quoique la proportion n'y soit pas, j'accepte le marché.

PANDOLFE.

Raconte-moi donc bien exactement la nouvelle intrigue de ton maître, et quelle est cette femme de mon voisinage à qui tu dois porter ce billet. Prends bien garde à ce que tu vas dire; car, si tu mens d'un mot, sur-le-champ tu reçois tes cent coups de bâton.

(*A ce couplet, Arlequin, qui revient de conduire sa femme, entre sur la scène, et entendant les dernières paroles de Pandolfe, il s'arrête.*)

SCÈNE III.

PANDOLFE, ARLEQUIN, TRIVELIN.

ARLEQUIN.

Oh, oh! M. Pandolfe va faire une libéralité; voyons cela.

TRIVELIN.

Monsieur, je vais vous parler avec toute la franchise de mon caractère. Lorsque vous défendites à M. Lelio de songer à mademoiselle votre fille, il s'occupa d'éteindre une passion qui ne pouvait plus que le rendre malheureux; et pour cela il se servit d'un moyen qui réussit presque toujours, il s'attacha à une autre femme.

PANDOLFE.

Quelle est cette femme?

TRIVELIN.

Cette femme... C'est une femme qui demeure dans votre voisinage...

PANDOLFE.

Qui est-elle?

TRIVELIN.

C'est....... Convenez que je suis bien bon de vous révéler ainsi tous les secrets de mon maître.

PANDOLFE.

Réponds-moi: quelle est la maîtresse de ton maître?

ACTE II, SCÈNE III.

TRIVELIN.

C'est...

PANDOLFE.

Eh bien?

TRIVELIN.

C'est madame Camille.

PANDOLFE.

Madame Camille? la femme d'Arlequin?

TRIVELIN.

Oui, monsieur.

ARLEQUIN, *à part*.

Ceci me regarde.

PANDOLFE.

Monsieur Lelio en est amoureux?

TRIVELIN.

Oui, monsieur, et la lettre est pour elle.

PANDOLFE.

Cela n'est pas possible : Camille est une honnête femme...

TRIVELIN.

Vous verrez que les honnêtes femmes n'ont point d'amant! Il est vrai que madame Camille fut plus difficile qu'une autre; mais mon maître est jeune, bien fait, aimable; à force de temps et de soins il en vint à bout. Le mari, qui, comme vous savez, est le plus grand benêt de Bergame, ne s'aperçut de rien; nos deux amans ont vécu tranquilles jusqu'à pré-

sent : cependant ils ne peuvent pas toujours se voir ;
ils s'écrivent quelquefois, comme aujourd'hui, par
exemple. Vous voilà satisfait, je vous ai tout dit,
rendez-moi ma lettre et ne me retenez plus, à moins
que ce ne soit pour ces dix louis dont vous m'avez
parlé.

PANDOLFE.

Attends, attends, tu auras les dix louis, si tu ne
m'as pas menti, et je vais m'en assurer en décache-
tant la lettre.

(*Il rompt le cachet.*)

TRIVELIN.

Ah! monsieur, vous m'aviez promis...

PANDOLFE.

Nous allons voir si elle se rapporte avec ce que tu
m'as dit.

TRIVELIN, *à part*.

Je suis perdu...

PANDOLFE.

Viens ici, viens la lire avec moi, viens, et puis tu
seras payé selon tes mérites.

(*Il lit la lettre.*)

« Je suis dans l'inquiétude la plus vive, ma tendre
amie... »

TRIVELIN.

« Ma tendre amie.... » Vous voyez bien que c'est à
madame Camille.

PANDOLFE, *continuant.*

« Je n'ai pas cessé de trembler depuis que je t'ai quittée; et dans quel moment ai-je été forcé de t'abandonner!... »

TRIVELIN.

Ah! ceci mérite explication, c'est que........ Je vais tout vous dire, moi : ce matin, monsieur Lelio était avec madame Camille, quand le mari est revenu; M. Lelio s'est sauvé bien vite; voilà pourquoi il tremble en pensant au moment où il l'a laissée.

PANDOLFE, *continuant.*

« Au nom de l'amour, tire-moi de peine... »

TRIVELIN.

Voyez-vous, « tire-moi de peine »; c'est qu'il est en peine.

PANDOLFE, *continuant.*

« Ecris-moi pour me dire ton état; ta santé est encore si faible!... »

TRIVELIN.

Vous savez bien qu'elle est accouchée depuis un mois : vous ne pouvez pas le nier.

PANDOLFE, *continuant.*

« Les caresses de notre enfant t'avaient déjà tant émue »... (*à part.*) De notre enfant!

TRIVELIN.

Sans doute, M. Lelio est le père... oui... le père

de cet enfant, de l'enfant que vient d'avoir madame Camille. N'en dites rien.

ARLEQUIN.

Ouf!

PANDOLFE.

« La frayeur peut-être a achevé de t'accabler.... »

TRIVELIN.

La frayeur d'être surprise par son mari.

PANDOLFE, *continuant.*

« Écris-moi bien vite ; je ne vivrai pas d'ici au moment où j'aurai de tes nouvelles. »

TRIVELIN.

Cette phrase-là est toute simple. Est-ce tout ?

PANDOLFE.

Oui.

TRIVELIN, *à part.*

Ah ! je respire... Eh bien, monsieur, osez-vous encore soupçonner ma sincérité ? Quand j'aurais moi-même écrit cette lettre, se serait-elle mieux rapportée avec ce que je vous ai dit ?

PANDOLFE, *relisant.*

« Notre enfant....... » Je vois clairement que cette lettre ne peut pas être pour ma fille, et voilà ce qui m'importait le plus.

TRIVELIN.

Mais croyez donc ce que j'ai l'honneur de vous dire. Je ne sais point mentir, moi, et votre défiance m'a blessé.

ACTE II, SCÈNE III.

PANDOLFE.

La femme d'Arlequin!.... cela m'étonne toujours. Je croyais Camille si sage... Allons, il ne faut répondre de personne. Voilà ta lettre, recachète-la, si tu peux, et suis-moi, je vais te donner tes dix louis.

TRIVELIN, *en sortant.*

Ma foi, je les ai bien gagnés.

SCÈNE IV.

ARLEQUIN, *seul et immobile.*

Je ne sais pas si je dors ou si je suis éveillé : mais si je dors je fais un vilain rêve, et si je suis éveillé.... Oh! je le suis. Comment! ma femme... ma femme que j'ai tant aimée ; elle m'a trompé! ma femme qui me parlait toujours de sa tendresse pour moi, qui était toujours pendue à mon bras ou à mon cou; elle faisait semblant de m'aimer pour mieux me trahir; elle m'embrassait pour m'empêcher d'y voir clair. O rage! ô fureur!.... je suis hors de moi.... Il faut me venger, j'en mourrai, mais il faut me venger. Et comment pourrai-je lui rendre le chagrin, la douleur, le mal que j'éprouve... Quittons-la, quittons le pays : elle n'en sera pas punie, puisqu'elle ne m'aime plus... Eh bien... ôtons-lui cet enfant, emportons-le, qu'elle le croie perdu, qu'elle gémisse. Non!... ce n'est pas assez; il faut qu'elle le croie mort, il faut qu'elle le pleure, que son M. Lelio le pleure aussi, leur peine me vengera. Comment faire?... Emportons l'enfant et mettons le feu à ma maison; ils le croiront brûlé, et leur douleur approchera de ce qu'ils me font souffrir ! Ah ! perfide épouse ! scélérat de Lelio, vous n'avez pas craint de déchirer mon cœur; je ne ménagerai pas le vôtre. Allons chercher du feu.

(*Il sort. Scapin entre avec l'enfant d'Arlequin au ruban bleu.*)

SCÈNE V.

SCAPIN, *seul.*

J'ai vu sortir M. Arlequin, madame Camille n'y est pas, profitons de l'instant pour leur rendre leur enfant et reprendre celui de monsieur Lelio.

(*Scapin entre dans la maison, y laisse l'enfant au ruban bleu, et emporte celui de Lelio.*)

SCÈNE VI.

ARLEQUIN, *un flambeau à la main.*

Quand on ira l'avertir que le feu est à sa maison, elle en mourra peut-être sur-le-champ. Que je suis bête, cette idée me fait pleurer..... Allons..... (*Il s'arrête.*) Je ne sais quelle voix me dit que je vais commettre une mauvaise action...... Et ma femme, a-t-elle écouté la voix qui lui disait que j'étais son mari? Faisons comme elle, et vengeons-nous.

(*Il entre dans la maison, prend son enfant dans ses bras et met le feu. Il la regarde brûler un instant, et s'en va en disant*) : Fuyons bien vite, car j'ai envie de l'éteindre. (*La maison brûle.*)

(*Camille arrive sans regarder du côté de la maison.*)

SCÈNE VII.

CAMILLE, seule.

JE suis bien étonnée que mon mari ne soit pas venu me chercher. Pour cette fois-ci l'enfant lui a fait oublier la mère; je le lui pardonne de bon cœur. (*A ce mot la maison croule ; Camille se retourne, ne voit que des flammes, jette un cri perçant, s'élance à la porte, voit la chambre consumée, tombe évanouie, revient à elle, et parcourt le théâtre en jetant des cris de désespoir.*) Mon fils! mon fils! mon cher fils! et je l'ai perdu, et que deviendrai-je? Mon fils, mon enfant, mon cher enfant!

(*Arlequin arrive avec l'enfant.*)

SCÈNE VIII.
ARLEQUIN, CAMILLE.

ARLEQUIN, *vivement.*

Tenez, le voilà, ne criez plus, car votre douleur me tue.

CAMILLE, *se précipitant sur l'enfant qu'elle prend dans ses bras.*

Ah! mon fils, mon cher fils! mon enfant, c'est toi! c'est lui, c'est bien lui. Quel miracle! quel bonheur! mon fils, mon cher fils! (*Elle l'accable d'embrassemens. Arlequin la regarde attentivement. Ces deux scènes dépendent absolument de l'actrice. Si elle s'abandonne entièrement à la nature, elles produiront de l'effet; si elle y met de l'art, elles seront ridicules. Il ne faut pas que Camille apprenne par cœur le peu de mots que j'ai écrits : il faut qu'elle dise tout ce que son cœur lui inspirera, mais surtout qu'elle se garde bien de rien préparer. Après les premiers transports de joie, qui ne doivent pas être trop longs, elle se retourne vers Arlequin, et c'est ici que commence la scène.*) Ah! mon ami, tu l'as donc sauvé! c'est à toi que je le dois; c'est toujours à toi que je dois le bonheur de ma vie.

ARLEQUIN.

Je n'ai pourtant pas suffi à votre bonheur; et vous m'avez donné un compagnon pour vous rendre heureuse.

ACTE II, SCENE VIII.

CAMILLE.

Tu me glaces d'épouvante : eh! de quoi parles-tu?..... Te fais-tu un jeu cruel de m'alarmer? Hélas! mon cœur n'a-t-il pas souffert assez? J'ai cru ton enfant dans les flammes.....

ARLEQUIN.

Mon enfant? Est-il possible que la fausseté ait ce visage-là? Allez, laissez-moi, je sais tout.

CAMILLE.

Vous savez tout! Eh! que pouvez-vous savoir?

ARLEQUIN.

Je sais que cet enfant n'est pas le mien; je sais que vous m'avez trahi, que vous avez fait semblant de m'aimer pour mieux me tromper, pour mieux tromper celui qui vous adorait, celui qui ne vivait que pour vous : voilà ce qui m'indigne le plus; car je ne parle pas de mariage, ce n'est rien cela auprès de l'amour.

CAMILLE.

Moi, vous avoir trahi!.....

ARLEQUIN, *avec fureur.*

Oui, j'en suis sûr, j'en suis certain : dans le premier moment de ma fureur, j'avais résolu de vous enlever cet enfant, et pour vous faire pleurer sa perte, j'ai mis le feu à ma maison; c'est moi, moi-même qui l'ai brûlée; voilà où vous m'avez conduit; mais ma fureur est passée, je suis de sang-froid à présent, je viens vous dire adieu, je viens vous dire adieu pour toujours; et comme je n'ai jamais emporté le bien d'autrui, je vous rends votre enfant; gardez-le; gardez le peu de bien que je possède, vous en rebâtirez cette maison, que j'ai eu tort de brûler; moi, je n'ai besoin de rien, je ne vous demande rien, je ne veux emporter que moi, que moi et mon cœur; et comme, si je vous parlais plus long-temps, je vous le laisserais peut-être, je vous quitte pour toujours. (*Il sort précipitamment sans la regarder.*)

SCÈNE IX.

CAMILLE, seule.

Il m'abandonne! il me croit coupable!..... malheureuse!..... que deviendrai-je?..... Tâchons de le rejoindre et de lui prouver mon innocence.

FIN DU SECOND ACTE.

ACTE TROISIÈME

SCÈNE I.

LELIO, SCAPIN.

LELIO.

Mais, dis-moi donc ce qui s'est passé.

SCAPIN.

Je vous le dis, monsieur : j'étais à la maison lorsque M. Pandolfe a surpris votre lettre dans les mains de Trivelin ; M. Pandolfe l'a poursuivi jusqu'ici ; et j'ai été prévenir mademoiselle Silvia du malheur qui vous arrivait.

LELIO.

Eh bien ?

SCAPIN.

Mademoiselle Silvia s'est trouvée mal.

LELIO.

Ah dieux ! il ne fallait lui rien dire.

SCAPIN.

Je l'ai secourue du mieux que j'ai pu. M. Pandolfe est arrivé, il a pris sa fille dans ses bras, et m'a dit de sortir; j'ai profité de ce moment pour venir rendre à M. Arlequin son enfant, et reprendre le vôtre.

LELIO.

Mon fils est donc chez sa nourrice?

SCAPIN.

Oui, monsieur, heureusement; car le feu a pris à la maison de M. Arlequin un moment après que votre enfant en a été sorti. J'ignore s'ils auront sauvé le leur.

LELIO.

Que de dangers! que de peines!..... Mais voici ma chère Silvia.

SCÈNE II.

LELIO, SILVIA, SCAPIN.

LELIO.

Eh, mon amie! qu'est-il arrivé?

SILVIA.

Le bonheur que nous désirions. Laisse-moi respirer, laisse-moi reprendre haleine, je ne me possède pas de joie.

LELIO.

Je brûle d'apprendre.....

SILVIA.

Mon ami, c'est parce que j'ai cru tout perdu que tout est gagné. Écoute-moi. Scapin est venu m'avertir que mon père avait surpris une de tes lettres : à cette nouvelle je suis tombée sans connaissance ; et en revenant à moi, je me suis trouvée dans les bras de mon père ; sa vue m'a rendu tout mon courage ; je me suis précipitée à ses pieds, et avec l'accent de la douleur et de l'amour, je me suis écriée : Oui, mon père, oui, je l'ai épousé, je suis sa femme.... La femme de qui ? m'a-t-il dit en me repoussant. La femme de Lelio. A cette parole, mes forces m'ont encore abandonnée, mais non pas mon père ; il m'a relevée avec fureur et tendresse ; ses mains tremblaient, et il n'osait pas presser les miennes ; il semblait avoir peur de me pardonner : j'ai profité de l'instant, j'ai tout avoué. Je lui ai dit qu'un fils était venu sceller notre union ; que ce fils était le sien, que toi-même l'étais devenu, et qu'en me refusant mon pardon il donnait la mort à trois de ses enfans. Mon ami, cette idée a fait évanouir sa colère ; il est resté un moment incertain sur ce qu'il allait dire ; mes yeux étaient fixés sur les siens, mon cœur battait de toute sa force, je le regardais sans parler, il me regardait de même ; enfin ce silence a fini par un torrent de larmes qu'il retenait depuis long-temps. Dès que je l'ai vu pleurer, j'ai senti qu'il allait pardonner; je me suis élancée à son cou; et les premiers mots que sa bouche a prononcés en se pressant sur mon visage ont été : Ma fille, je te pardonne....

LELIO.

Ah! mon amie, nous sommes donc heureux.

SILVIA.

Je l'ai accablé d'embrassemens; puis je me suis arrachée de ses bras, et courant de toutes mes forces, j'ai volé chez toi; tu n'y étais pas, j'ai volé ici. Viens, viens, mon ami, tomber aux pieds de notre bon père; viens le remercier de tout ce que nous lui devons.

LELIO.

Laisse-moi respirer, ton délire a passé dans mon cœur....

SILVIA.

Et mon fils, où est-il? il le faut porter à mon père; où est mon fils? où est-il?

LELIO.

Rassure-toi, il est chez sa nourrice.

SILVIA.

Scapin, courez le chercher, et apportez-le tout de suite chez mon père. Viens, mon ami, viens donc; il nous croit peut-être des ingrats.

(*Ils sortent; Scapin va chercher l'enfant de Silvia. Arlequin entre dans le même instant.*)

SCÈNE III.

ARLEQUIN, *seul.*

Tenez, à présent, le voilà avec mademoiselle Silvia ; mais cet homme-là veut tourner les têtes à toutes les femmes de la ville. Que m'importe qu'il vole les autres, quand il m'a assassiné ? (*Il regarde sa maison.*) Voilà donc ma pauvre maison ! voilà où j'ai été si heureux avec ma femme et mon enfant ! J'étais si riche avec cela ! Je les possédais encore ce matin, et à présent je n'ai plus ni femme, ni enfant, ni maison. (*Il soupire.*) Ah ! va, ma pauvre Camille, ton Lelio ne t'aimera pas comme je t'aimais..... Tu as peut-être choisi le plus aimable de nous deux, mais mon cœur me dit que tu as trahi le plus tendre. (*Il se met à pleurer.*) Allons, allons, je ne veux pas pleurer..... je ne veux pas partir..... et pourquoi ne suis-je pas parti ?...., pourquoi n'ai-je pas quitté cette ville où je ne trouve pas une pierre qui ne me parle de ma femme. Allons, prenons une bonne résolution. (*Il va pour sortir ; il se rencontre avec Scapin, qui porte l'enfant de Lelio.*)

SCÈNE IV.

ARLEQUIN, SCAPIN.

ARLEQUIN.

D'où venez-vous avec cet enfant? où allez-vous?

SCAPIN.

Monsieur..... je vais..... je vais....; cela ne vous regarde pas.

ARLEQUIN.

Comment! cela ne me regarde pas! c'est mon fils que vous tenez là; qu'en voulez-vous faire?

SCAPIN.

Non, monsieur, ce n'est pas votre fils....

ARLEQUIN.

Comment, insolent! ce n'est pas mon fils! je le sais bien, mais je donne cent coups de bâton à ceux qui osent me le dire. Drôle que tu es, prends garde de répéter encore une fois la vérité, car je t'assomme. Allons, donne-moi cet enfant, et tourne-moi les talons, je ne suis pas de bonne humeur. (*Il veut prendre l'enfant.*)

SCAPIN.

Mais, monsieur......

ARLEQUIN.

Tais-toi.

SCAPIN.

Mais, monsieur, je vous dis que cet enfant n'est pas à vous; il est à monsieur Lelio.

ARLEQUIN.

Comment, impertinent! tu oses me le répéter! tu oses me parler en face de monsieur Lelio! (*Il tire sa batte et frappe Scapin.*) Tiens, porte cela à monsieur Lelio, et dis-lui de venir lui-même me redemander son fils. Entends-tu? (*Il le frappe.*) Entends-tu bien? (*Scapin s'enfuit.*)

SCÈNE V.

ARLEQUIN, *seul*.

Où en suis-je à présent? il n'y a pas jusqu'aux valets qui ne viennent me conter les belles actions de ma femme. Oh! il faut quitter Bergame; demain l'on m'y montrerait au doigt. Mais que voulait-il faire de cet enfant? et moi, qu'en ferai-je?

SCÈNE VI.

CAMILLE, ARLEQUIN.

(*Camille arrive avec son enfant au ruban bleu dans ses bras; Arlequin, qui a celui au ruban rose dans les siens, s'arrête vis-à-vis de sa femme: ils se regardent tous les deux, et demeurent stupéfaits.*)

ARLEQUIN.

Comment! vous avez encore un enfant? et à qui appartient celui que vous tenez?

CAMILLE.

Répondez vous-même : à qui appartient celui que vous portez dans vos bras?

ARLEQUIN.

Celui-ci? c'est le mien, c'est-à-dire le vôtre, celui que je croyais à moi.

CAMILLE, *elle le regarde.*

Jamais cet enfant ne m'a appartenu; l'œil d'une mère ne se trompe pas. Voici mon fils, voici le premier et l'unique fruit de notre mariage, le seul reste de mon bonheur passé. Puisse-t-il me consoler un jour des injustices de son père!

ARLEQUIN.

Mais un moment, expliquons-nous. Je viens de prendre cet enfant dans les bras de Scapin, qui m'a dit que M. Lelio était son père; voilà pourquoi je n'ai pas douté que ce ne fût votre fils.

CAMILLE.

Je ne répondrai plus à vos humilians reproches, je vous les ai pardonnés dans les premiers momens de votre fureur; mais cette fureur doit être passée; et mon cœur ne vous pardonnera pas de m'avoir crue coupable plus d'une heure. Voilà mon enfant, voilà votre fils, il ne m'a pas quittée, il ne me quit-

ACTE III, SCÈNE VI.

tera jamais; on ne me l'arrachera qu'avec la vie : c'est à lui que je veux donner tous les sentimens dont je suis capable. Il héritera de toute la tendresse que j'avais pour un ingrat qui m'a jugée sans m'entendre, qui m'a crue coupable du dernier crime.

ARLEQUIN.

Allez, laissez-moi; votre perfidie est prouvée ; j'ai entendu moi-même de mes oreilles, ici, le domestique de M. Lelio qui disait à M. Pandolfe que son maître vous aimait, que son maître.....

CAMILLE.

M. Lelio? Mais il n'a jamais aimé que mademoiselle Silvia. Vous le savez bien ; vous savez que M. Pandolfe s'est toujours opposé à leurs amours, et vous n'avez pas imaginé que le valet de M. Lelio pouvait chercher à tromper M. Pandolfe?

ARLEQUIN.

Il est vrai que M. Pandolfe avait l'air en colère, et que l'autre voulait l'apaiser... Cependant il lui a montré une lettre que M. Lelio vous écrivait après avoir eu un rendez-vous ce matin avec vous.

CAMILLE.

Ce matin? et vous ne m'avez pas quittée. (*Arlequin demeure interdit.*) Mon ami, daignez me croire : je n'ai jamais aimé, chéri, regardé que vous seul. Mon amour pour vous a été l'unique sentiment de mon ame, l'unique règle de ma vie. Il est peut-être possible qu'une femme trompe son mari, mais peut-on tromper son amant? l'amour n'est-il pas une sauvegarde encore plus sûre que la vertu? Mon ami, je suis innocente puisque je t'aime, puisque je t'adore, puisque je préfère la mort à ton abandon.... Réponds-moi, à quoi penses-tu?

ARLEQUIN.

Je pense qu'il serait bien dommage que la fausseté eût ce visage-là.

CAMILLE.

Livre-toi au mouvement de ton cœur, reviens à moi, reviens à celle qui n'a pas cessé de te chérir. Tiens, je ne me relève pas que tu ne m'aies pardonné. (*Elle tombe à ses pieds.*)

ARLEQUIN.

(*Il se met à genoux à côté de sa femme.*)
C'est à toi de me pardonner d'avoir pu te croire coupable.

CAMILLE.

(*Elle l'embrasse avec transport.*)
Enfin me voilà heureuse. (*Ils se relèvent.*) A présent, mon ami, allons chez M. Lelio pour t'en éclaircir.

ARLEQUIN.

Oh! non, tu m'as embrassé, tout est éclairci. Eh mais! que veut tout ce monde-là.

SCÈNE VII.

PANDOLFE, SILVIA, LÉLIO, CAMILLE, ARLEQUIN, SCAPIN.

PANDOLFE.

J'ai tout quitté pour venir vous raccommoder, mes chers amis; mon gendre est au désespoir d'être la cause de votre rupture : nous venons tout vous expliquer.

SILVIA.

Et vous demander mon fils.

ARLEQUIN.

Entendons-nous : vous venez nous raccommoder, M. Pandolfe, cela est fait; ainsi voilà votre affaire finie. Vous, mademoiselle, vous demandez un enfant, nous en avons un de trop, et nous vous le donnerons quand nous aurons choisi.

SILVIA.

Voilà mon fils.

PANDOLFE.

(*Il le prend et l'embrasse.*)

Cher enfant, qu'il est beau à ton âge de faire autant d'heureux! car je le suis autant que vous.

SILVIA.

Mon père, daignez l'aimer, nous lui montrerons comme on vous aime.

ARLEQUIN.

Un moment, il semble que c'est ici la foire des enfans ; expliquez-nous pourquoi...

LELIO.

Mon ami, pardon mille fois ; je viens d'apprendre qu'une fourberie de Trivelin...

PANDOLFE.

Vous lui raconterez tout cela. Mon cher Arlequin, voilà le fils de Lelio et de ma fille ; ils étaient mariés depuis long-temps, et c'était pour me le cacher que Trivelin a calomnié madame Camille. Pardonnez-lui comme je leur ai pardonné ; j'approuve aujourd'hui leur mariage ; la noce va se faire chez moi : notre bonheur ne serait pas complet, mon ami, si vous et madame Camille ne veniez pas le partager. D'ailleurs tu as brûlé ta maison, il faut rester chez nous jusqu'à ce que nous l'ayons fait rebâtir.

ARLEQUIN.

De tout mon cœur. Nous danserons ; quand je suis avec ma femme, et que j'entends un violon, il me semble toujours que c'est ma noce. Allons, M. Pandolfe, vous êtes un brave homme, vous aimez bien vos enfans. Quant à vous, monsieur le marié, vous m'avez donné bien du chagrin, et je ne vous le pardonnerais pas, si j'avais eu besoin de votre justification pour me raccommoder avec ma

ACTE III, SCÈNE VII.

femme. Heureusement je ne vous ai pas attendu, ainsi tout est oublié : aimez bien la vôtre, et dites à M. Trivelin de ne jamais mentir lorsque cela pourra faire chagrin à quelqu'un.

FIN DE L'ENFANT D'ARLEQUIN.

ARLEQUIN

MAITRE DE MAISON,

COMÉDIE ÉPISODIQUE

EN UN ACTE.

PERSONNAGES.

ARLEQUIN.
ARGENTINE, sa femme.
Le chevalier DE VALCOURT.
GRANO.
DURVAL, ami d'Arlequin.
La comtesse de NERVILLE.
CONCERTINI, compositeur de musique.
LA BRIE, domestique d'Arlequin.

ARLEQUIN MAITRE DE MAISON,

COMÉDIE.

Le théâtre représente un salon richement meublé, dans lequel on voit un clavecin et plusieurs instrumens de musique. La Brie range les meubles et met tout en ordre, lorsque le chevalier de Valcourt arrive en uniforme d'infanterie.

SCÈNE I.

LA BRIE, LE CHEVALIER.

LA BRIE.

Monsieur demande-t-il quelqu'un?

LE CHEVALIER.

J'aurais voulu parler à monsieur Arlequin.

LA BRIE.

Il n'y est pas, monsieur; je suis étonné que le Suisse vous ait laissé monter.

LE CHEVALIER.

Il me l'a dit; mais comme je suis déjà venu plusieurs fois sans trouver monsieur Arlequin, je serais bien aise de parler à son valet de chambre; je crois que c'est vous.

LA BRIE.

Oui, monsieur ; qu'y a-t-il pour votre service ?

LE CHEVALIER.

Auriez-vous la complaisance de satisfaire ma curiosité sur deux ou trois points ?

LA BRIE.

Vous n'avez qu'à parler, monsieur.

LE CHEVALIER.

Il n'y a que fort peu de temps, je crois, que monsieur Arlequin est le maître de cet hôtel, et qu'il jouit d'une grande fortune ?

LA BRIE.

Il y a environ deux mois.

LE CHEVALIER.

Serait-ce une indiscrétion de vous demander quel est le caractère de monsieur Arlequin ?

LA BRIE.

Oh ! monsieur, nous avons toujours du plaisir à répondre à cette question-là. Monsieur Arlequin est le meilleur et le plus honnête homme du monde; il nous traite comme ses enfans, et c'est toujours nous qui nous souvenons avant lui qu'il est notre maître. Il fait beaucoup de bien, parce que c'est là son grand moyen de s'amuser. Ses amis lui reprochent d'être trop généreux ; mais il dit qu'il n'aime l'argent que parce que cela se donne. Il est toujours de bonne humeur : rire et donner, voilà sa vie ; enfin, monsieur, ses domestiques sont heureux de le servir, ses amis de le connaître, et lui n'est heureux que du bonheur de tout ce monde-là.

LE CHEVALIER.

Le portrait que vous en faites est d'un homme d'esprit et d'un bon serviteur.

LA BRIE.

Monsieur, quand on est bon serviteur, on a toujours de l'esprit en parlant de son maître.

LE CHEVALIER.

Vous savez sûrement par quel hasard il possède une fortune si considérable.

LA BRIE.

Comment! regardez-vous comme un hasard qu'un homme de bien soit fort riche ?

LE CHEVALIER.

Non, assurément; mais je sais que M. Arlequin n'était pas né dans la classe des gens riches, et l'on dit que c'est par un testament qu'il se trouve dans l'opulence.

LA BRIE.

On dit vrai, et il ne s'en cache pas. M. Arlequin était un pauvre bourgeois de Bergame, lorsqu'un certain monsieur le comte de Valcourt, qui voyageait en Italie, fit connaissance avec lui, le prit en amitié, et l'engagea à venir passer quelque temps en France. M. Arlequin le suivit, et six mois après leur arrivée à Paris, monsieur le comte de Valcourt est mort, et a laissé tout son bien à M. Arlequin, qui en a fait un excellent usage.

LE CHEVALIER.

Voilà ce dont je voulais être sûr. Et avez-vous appartenu à ce comte de Valcourt?

LA BRIE.

Oui, monsieur; j'ai été long-temps son domestique.

LE CHEVALIER.

Dites-moi, ne lui avez-vous jamais entendu parler de ses parens, et n'a-t-il pas eu quelque scrupule de laisser toute sa succession à un héritier, de préférence à sa famille?

LA BRIE.

Ah! je vous réponds que ce scrupule l'a peu tourmenté. Je l'ai entendu quelquefois parler de cette famille.

LE CHEVALIER.

Eh bien, que disait-il?

LA BRIE.

Il en disait le diable, et il avait raison, parce que tous ses parens se sont fort mal conduits avec lui. Au reste, il ne s'est jamais expliqué avec nous sur tous les mauvais tours qu'ils lui ont joués; mais nous bénissons Dieu de ce qu'il a eu l'esprit de donner tout son bien à un homme qui l'aimait véritablement et que nous aimons tous.

LE CHEVALIER, *à part.*

Il n'y a rien à répondre. Croyez-vous que M. Arlequin tarde à revenir?

LA BRIE.

Oh! oui; il est parti ce matin pour aller sur la route d'Italie au-devant de sa femme qui doit arriver aujourd'hui, et il nous a dit qu'il irait toujours jusqu'à ce qu'il l'eût rencontrée; ainsi peut-être ne reviendra-t-il que demain avec elle, peut-être aussi reviendra-t-il ce soir. Si monsieur est pressé de lui parler, il n'a qu'à se donner la peine de repasser vers les neuf heures.

LE CHEVALIER, *tirant sa montre.*

Il n'est que six heures, je repasserai; vous voudrez bien lui dire qu'un officier, parent de quelqu'un qui l'a beaucoup aimé, est venu pour causer avec lui d'affaires très-intéressantes.

LA BRIE.

Un officier, parent de quelqu'un qui a beaucoup aimé M. Arlequin; monsieur, il y a une grande quantité de personnes qui l'ont beaucoup aimé. Ainsi, si vous vouliez dire votre nom, cela serait plus sûr.

LE CHEVALIER.

Non; je ne peux dire mon nom qu'à lui, je reviendrai plus tard. Bien obligé de votre complaisance, monsieur; je suis fâché de vous avoir fait perdre tant de temps.

LA BRIE.

Oh, monsieur! je suis votre serviteur; si mon maître revient, il vous attendra sûrement.

(Le chevalier sort.)

SCÈNE II.

LA BRIE, seul.

Il est poli cet officier, et d'une jolie figure...... Ah ça, il me semble qu'il n'y a plus rien à faire à ce salon. J'ai rangé le grand appartement pour madame, je n'ai plus qu'à attendre monsieur. Pardi! il faut que je joue un peu du violon; il y a long-temps que je néglige ce talent-là. Voyons. (*Il prend le violon et joue faux.*) Ah! comme je suis rouillé! je pourrais à peine jouer dans les concerts.... J'entends des voitures; oui, c'est sûrement mon maître; allumons vite. (*Il allume les bras.*) Je suis bien curieux de voir notre maîtresse, courons. (*Il prend les deux bougies pour aller au-devant d'Arlequin qui entre avec Argentine, à qui il donne la main. Arlequin a un habit e une veste noirs sur sa culotte d'Arlequin; il a une perruque très-bien frisée, et sa batte à son côté en guise d'épée, avec un crêpe à la poignée, un chapeau sous le bras. Plusieurs domestiques le suivent.)*

SCÈNE III.

ARLEQUIN, ARGENTINE, LA BRIE.

ARLEQUIN.

Voici mon salon, ma chère amie; tu vois que ma maison est fort jolie : quand je dis ma maison, c'est la tienne, car je suis le maître de tout; mais comme tu es ma maîtresse, tout est à toi. (*Argentine regarde avec surprise.*) Bonjour, La Brie. Eh bien, voilà ma femme : elle est gentille au moins. Ah ça, laissez-nous, mes amis, parce que je suis mieux quand je suis tête à tête avec ma femme. (*La Brie et les autres sortent.*) Eh bien, que dis-tu?

ARGENTINE.

Je crois rêver, mon cher Arlequin : comment, tous ces domestiques, ce beau palais, tout cela est à toi! mais tu es donc bien riche, mon ami?

ARLEQUIN.

Oh! je le suis trop; mon argent m'ennuie, je n'ai plus l'agrément de désirer rien; sitôt que je veux quelque chose, crac, en payant je l'ai tout de suite; cela ne me fait pas tant de plaisir que quand je l'attendais long-temps, et qu'il fallait le gagner. Mais je pardonne à mon argent, puisqu'il t'a fait venir en poste.

ARGENTINE.

Mon ami, je n'ai pas perdu un instant, et j'ai quitté Bergame vingt-quatre heures après ta lettre. Mais juge de ma surprise en recevant cette lettre. J'étais chez notre voisine Olivette, avec plusieurs de nos amis, et je me plaignais de ce que tu m'avais quittée pour aller courir la France avec ce seigneur français qui t'aimait tant, et qui ne t'aimait pas tant que moi.

ARLEQUIN.

Ah! ma chère femme, tu te souviens que je t'en demandai la permission; nous n'étions pas riches; M. le comte de Valcourt me promettait une bonne pension si je voulais le suivre un an; tu me conseillas toi-même d'accepter.

ARGENTINE.

Sans doute; mais cela empêche-t-il de se plaindre? Tous nos amis te regrettaient aussi. Le facteur entre, et me donne une lettre timbrée de Paris. J'ouvre bien vite; et imagine mon étonnement en lisant : *Ma chère femme, je suis devenu un grand seigneur : aussitôt ma lettre reçue, prends la poste et viens descendre à l'hôtel d'Arlequin, rue Saint-Dominique, faubourg Saint-Germain, à Paris.* Je crus, mon ami, que la tête t'avait tourné; et comme je n'étais qu'avec des personnes qui t'aiment, je lus tout haut ma lettre : ils en rirent beaucoup sans vouloir te croire ; mais en retournant la page j'aperçus une lettre de change de mille écus : ah! tu aurais ri à ton tour de voir leur figure changer; il y en eut même qui sur-le-champ prirent un air de respect, tous me conseillèrent de partir; c'était pour te venir joindre, je fus bientôt prête; mon voyage s'est fait très-promptement, j'arrive, et mon étonnement redouble.

ARLEQUIN.

Ceci est pourtant très-simple; je n'ai rien voulu te dire avant de t'avoir montré ma maison; mais voici l'histoire : ce monsieur le comte de Valcourt qui m'emmena avec lui, il y a six mois, est mort, et il m'a fait son héritier.

ARGENTINE.

Son héritier! cela n'est pas croyable; et ses parens?

ARLEQUIN.

Bah, ses parens...... il n'en avait point, ou, s'il en avait, ce n'étaient pas de bons parens; il n'en parlait jamais qu'avec colère, lui qui était pourtant le meilleur homme du monde; ce pauvre monsieur de Valcourt n'aimait que moi dans la nature; et il l'a prouvé, car je suis son légataire universel, et je me trouve maître de cette maison, qui était la sienne, de tous ses meubles, et de deux cent mille livres de rente. Es-tu encore fâchée que je l'aie suivi?

ARGENTINE.

A présent que je suis avec toi, j'ai oublié que tu m'as quittée; mais ne nous séparons plus.

ARLEQUIN.

Sango di mi! tu es mon grand trésor, tu seras contente de l'ordre que j'ai mis dans mes affaires : j'ai conservé tous les anciens domestiques de mon maître, parce qu'entre camarades on se doit ces attentions-là; et puis, comme je ne m'entends pas trop bien aux finances, j'ai pris un intendant à qui je donne un quart de mon revenu pour qu'il ne me friponne rien. J'aime mieux cela, et être sûr de lui, moyennant quoi je me trouve cinquante mille écus de rente, une fort bonne maison, et je donne à souper sept fois par semaine à des personnes choisies, des connaisseurs, des musiciens, des amateurs, des compositeurs; car, depuis que je suis riche, j'aime beaucoup les gens d'esprit. Je me souviens d'avoir ouï dire à M. le comte de Valcourt que les gens riches étaient obligés d'aimer les gens d'esprit, pour qu'on leur pardonnât d'être riches; d'ailleurs cette société-là t'amusera, toi, car tu es une savante; et à Bergame tu passais tes journées à lire.

ARGENTINE.

Mon ami, si tu es heureux, si tu es content, je

SCÈNE III. 185

vais l'être aussi, et nous le serons bien davantage ensemble. Mais pourquoi t'es-tu habillé de noir?

ARLEQUIN.

Je ne pouvais pas m'en dispenser, et tu auras la bonté de t'y mettre aussi ; c'est le deuil de monsieur le comte de Valcourt ; je le porterai toute ma vie : oh! les gens qui nous font du bien sont nos plus proches parens.

ARGENTINE.

Oui, sans doute.

ARLEQUIN.

Ah çà, écoute : tu es peut-être fatiguée ; il est sept heures et demie, il peut venir du monde : si tu es lasse, je vais faire fermer ma porte.

ARGENTINE.

Non, mon ami, je serai enchantée de te voir faire les honneurs de ta maison.

ARLEQUIN.

Dès que cela t'amusera, tout est dit; je vais sonner pour que l'on arrange ton appartement.

ARGENTINE.

Est-ce que nous n'avons pas le même?

ARLEQUIN.

Sango di mi! je l'espère bien ; mais il est d'étiquette, dans ce pays-ci, parmi ce que l'on appelle les honnêtes gens....., car je suis du nombre des honnêtes gens ; autrefois j'étais bien honnête homme, mais je n'étais pas des honnêtes gens; à présent que j'ai de l'argent, j'en suis, et il est d'étiquette parmi nous que madame ait son appartement, et monsieur le sien; c'est l'usage; et, pour arranger l'usage avec l'amour, vois-tu, je n'habiterai jamais le mien. (*Il sonne.*)

SCÈNE IV.

ARGENTINE, ARLEQUIN, LA BRIE.

LA BRIE.

Monsieur a sonné?

ARLEQUIN.

Ecoute, La Brie, fais arranger le bel appartement pour ma femme, et puis tu iras courir chez une trentaine de marchandes de modes, une trentaine de marchandes d'étoffes, une trentaine de bijoutiers, enfin une trentaine de tout ce qui travaille pour les dames; et que toutes ces trentaines-là se trouvent demain dans son antichambre avant qu'elle soit éveillée, entends-tu; va, mon ami, je t'en prie; et puis tu diras à la porte qu'on laisse entrer à l'ordinaire; je te serai bien obligé de faire ce que je te dis.

LA BRIE.

Monsieur, le grand appartement est prêt, je l'ai

arrangé pendant votre absence. Et puis j'ai oublié de vous dire qu'il est venu un officier, parent d'un de vos amis, à ce qu'il dit, qui n'a pas voulu laisser son nom, et qui doit revenir ce soir.

ARLEQUIN.

Il faudra le laisser entrer : moi j'aime les officiers ; j'ai eu un frère qui était presque officier, il est mort soldat : recommande bien à la porte qu'on le laisse entrer, et va faire toutes mes commissions.

LA BRIE.

Si monsieur le permet, je vais y envoyer Champagne, et je resterai, selon la coutume, pour annoncer.

ARLEQUIN.

Comme il te plaira, mon ami ; ce que tu jugeras le mieux. (*La Brie sort.*)

SCÈNE V.

ARLEQUIN, ARGENTINE.

ARLEQUIN.

Je leur parle toujours très-poliment, parce que je me souviens du plaisir que me faisait une politesse, et cela coûte encore moins que les gages.

ARGENTINE.

Dis-moi, mon ami, j'ai peur de ne pas avoir le

ton qu'il faudrait au milieu de ton monde; je paraîtrai peut-être ridicule.

ARLEQUIN.

Oh! que non; si je voyais du grand monde, ce serait différent, on n'est sûr de rien avec ce monde-là; mais je ne vois que des gens d'esprit, et rien n'est si aisé que d'être de leurs amis : tu n'as d'abord qu'à leur faire voir que tu leur trouves de l'esprit, ensuite disputer un peu avec eux, et les bien écouter quand ils te prouveront que tu as tort, convenir bien doucement qu'ils ont raison; tout de suite ils te trouveront charmante : d'ailleurs tu es maîtresse de maison, toi, et ce titre augmente beaucoup le mérite d'une femme.

ARGENTINE.

Tu ne me rassures guère, mon cher ami.

ARLEQUIN.

Allons donc, tu es trop jolie pour avoir peur; les jolies femmes sont comme les grands seigneurs, elles n'ont qu'à vouloir pour plaire à tout le monde.

LA BRIE, *annonçant.*

Monsieur Grano.

ARLEQUIN, *à Argentine.*

Le diable m'emporte si je sais qui c'est.

SCÈNE VI.

ARLEQUIN, ARGENTINE, GRANO.

GRANO.

Je n'ai point l'honneur d'être connu de vous, monsieur, mais le motif qui m'amène vous fera excuser la liberté que je prends. Je m'appelle Grano; j'ai consacré ma vie à la recherche de tout ce qui pouvait être utile à l'humanité et me valoir un peu d'argent. Je suis enfin parvenu à découvrir un secret qui doit faire régner l'abondance dans tout le royaume et m'enrichir à jamais.

ARLEQUIN.

Monsieur, je vous en fais mon compliment; quant à moi, grace à Dieu, je suis à mon aise, et votre projet ne peut me regarder en rien.

GRANO.

Pardonnez-moi, monsieur; sur le bruit de votre probité, c'est vous que j'ai choisi pour mon associé; je veux tripler votre fortune, tandis que je ferai la mienne, et vous allez convenir que rien n'est plus sûr. Puis-je m'expliquer devant madame?

ARLEQUIN.

Oui, oui, monsieur, c'est ma femme.

GRANO, *saluant.*

J'espère que madame sera la première à vous engager à l'entreprise; je vous demande d'avance le secret à tous deux; vous allez savoir en un instant ce qui m'a coûté des années de recherches et de peines. Il y a vingt ans que je me fatigue, que je me tourmente pour imaginer le moyen de faire de la farine sans blé, et je l'ai trouvé.

ARLEQUIN

Vous l'avez trouvé?

ARGENTINE.

Cela me paraît une fort belle découverte.

GRANO.

Oui, madame, je l'ai trouvé, et le pain que je fais avec ma farine est cent fois meilleur, plus sain et plus léger que le pain ordinaire. Ajoutez à cela que dans ma farine il n'y a point de son, et que la livre de pain ne reviendra pas à un sou.

ARLEQUIN.

Et avec quoi faites-vous donc ce pain-là?

GRANO.

Avec des noyaux de cerises.

ARGENTINE.

Comment donc?

GRANO.

Oui, madame, par le moyen d'un petit moulin que j'ai inventé, et que je porte toujours dans ma poche; tenez, le voilà (*Il tire un petit moulin qu'Arlequin regarde attentivement.*) En moins d'une demi-heure

SCÈNE VI.

je mouds une livre de noyaux de cerises; cette livre de noyaux me donne juste une livre de farine, parce que avec ma mouture il n'y a rien de perdu; et vous remarquerez que l'on peut avoir toujours sur soi un de ces petits moulins, sans que cela gêne beaucoup; de sorte que toutes nos dames, tous nos jeunes gens, au lieu de faire du filet, de la tapisserie ou des nœuds, peuvent, en s'amusant, moudre dans leur après-midi deux ou trois livres de farine. Vous conviendrez que cette occupation est aussi agréable et plus utile que tous leurs petits ouvrages qui ne servent qu'à les distraire. Par-là, tous les citoyens s'occuperont de l'agriculture, et pour peu que l'on ait soin de faire des plantations de cerisiers, afin que les noyaux ne manquent point, on ne pourra plus dire de personne qu'il a de la peine à gagner son pain, puisqu'au contraire tout le monde fera du pain pour se délasser. Le peuple sera dans l'abondance, le pays s'enrichira, l'agriculture sera honorée, et vous jugez que l'auteur des moulins à noyaux sera récompensé.

ARLEQUIN.

Ma foi, cela me paraît fort bien vu. Moi, je n'aurais jamais cru que l'on pût faire du pain de noyaux : c'est clair pourtant; et en quoi puis-je vous être utile?

GRANO.

Monsieur, quoique j'aie découvert le secret d'enrichir le royaume, il s'en faut bien que je sois à l'aise. Je n'ai pas de quoi acquérir le fonds de cerises nécessaire pour commencer mon entreprise : si vous aviez la bonté de vous associer avec moi, alors nous pourrions tailler dans le grand et acheter d'abord toute la vallée de Montmorenci ; vous voudriez bien avancer l'argent, et je vous rendrais ma part aux cerises prochaines.

ARGENTINE.

Monsieur, nous vous sommes fort obligés, mais mon mari n'est pas assez riche pour faire ce que vous désirez. Nous admirons votre projet, mais l'association nous est impossible.

GRANO.

Je répondrais pourtant bien à madame qu'avant deux ans nous aurions un million de produit net.

ARLEQUIN.

Oh, dès qu'elle ne le veut pas, tout est dit ; je ne voudrais pas déplaire à ma femme pour un million. Mais, écoutez, monsieur Grano, vous n'êtes pas riche ; en attendant votre pain de noyaux, il faut que vous ayez recours aux boulangers de blé ; permettez-moi de vous prêter quelques louis d'or, que vous me rendrez quand votre pain aura la vogue. Tenez, mon ami, avec cela commencez toujours par une

SCÈNE VI.

livre de cerises; ce n'est pas cher; faites du pain, et de livre en livre vous arriverez à la vallée.

GRANO, *prenant l'argent.*

Monsieur, je n'oublierai jamais la marque d'amitié que vous me donnez, et vous pouvez être sûr que cet argent vous sera rendu du premier que je gagnerai. Je suis fâché de n'avoir pas un associé tel que vous, mais si jamais je deviens riche, ce sera vous qui m'apprendrez quel usage on doit faire de son bien. (*Il salue et s'en va.*)

ARLEQUIN.

Ce pauvre homme! je lui ai fait plaisir, et c'est là mon plus grand plaisir : que dis-tu de ses noyaux?

ARGENTINE.

Ma foi, mon ami, j'ai eu de la peine à l'écouter sans rire. C'est une terrible chose que la fureur de trouver des secrets. On aime mieux imaginer quelque chose de parfaitement ridicule que de ne rien imaginer du tout.

LA BRIE, *annonçant.*

Monsieur Durval.

ARLEQUIN, *à Argentine.*

Tiens, voici un de mes meilleurs amis et un homme du plus grand mérite, qui se connaît à tout ce qui se fait dans le monde.

SCÈNE VII.

ARLEQUIN, ARGENTINE, DURVAL.

ARLEQUIN.

Eh! bonjour, mon cher monsieur Durval! que je vous présente ma femme, qui arrive dans l'instant d'Italie.

DURVAL.

Ce pays-ci ne dédommagera sûrement pas madame de tout ce qu'elle a quitté dans le sien.

ARGENTINE.

Je crois, au contraire, monsieur, avoir infiniment gagné à l'échange.

DURVAL.

Madame, nous devons être fiers de la préférence.

ARLEQUIN.

Oh! mon cher ami, vous connaîtrez ma femme; elle n'est pas comme moi qui ne sais rien : c'est elle qui a lu tout, elle connaît tout; elle passait toutes les journées à Bergame à lire des livres français. Oh! diable! elle est en état de disputer avec vous. Asseyez-vous donc. (*Ils s'asseyent tous trois, Arlequin continue.*) Et, à propos, comment vont les arts, mon ami? où en est cette tragédie que vous dirigez? avance-t-elle? je ne me souviens pas de son nom :

SCÈNE VII.

Na... Na... Na... Nasica, je crois ; je n'aime pas ce diable de nom, et je ne sais pas pourquoi votre protégé a été choisir ce Nasica. C'est tiré d'Homère, je crois

DURVAL.

Eh, non pas ; c'est un sujet romain, la conjuration des Gracques.

ARLEQUIN.

Eh bien, oui ; mais tous ces noms-là ne sonnent pas bien ; Gracques, Nasica : je ne sais pas, si j'étais vous, je leur aurais fait donner d'autres noms. Avance-t-il, votre jeune homme ?

DURVAL.

Je l'ai abandonné tout-à-fait. Ces jeunes gens qui commencent à tourner des vers sont d'une indocilité, d'une indépendance qui finit par leur casser le cou. Enfin, croiriez-vous, mon ami, que ce jeune homme, à qui je m'intéressais, que je voulais former et faire connaître, dont je corrigeais même les vers, je lui ai demandé un petit service, et il me l'a refusé.

ARLEQUIN.

Oh! ceci est pis que de faire un mauvais Nasica, c'est être ingrat ; fi donc! ne me l'amenez plus.

ARGENTINE.

Monsieur, il faut être indulgent pour la jeunesse. Presque toujours à cet âge-là la tête est mauvaise, et le cœur excellent.

DURVAL.

Je vous fais juge, madame, des griefs contre mon protégé ; autrefois j'ai fait des vers comme un autre, j'avais même tourné assez joliment l'épisode de Pyrame et Thisbé en grands vers ; j'ose même dire qu'il y a du feu, du sentiment; enfin, c'est bien, et monsieur Arlequin vous dira que je m'y connais un peu, et que je suis difficile.

ARLEQUIN.

Eh bien ?

DURVAL.

Eh bien, monsieur, cet épisode était mort dans mon porte-feuille : vous savez que j'ai toujours négligé de faire imprimer tous ces petits riens qui échappent à ma plume; l'autre jour j'ai relu mon épisode, j'en ai été content, et, pour ne pas le perdre, j'ai prié notre jeune homme de vouloir bien le faire entrer dans sa tragédie de Scipion ; il me l'a refusé, mais refusé net.

ARLEQUIN.

Ah ! le coquin, il a refusé ! c'était tout fait pourtant.

DURVAL.

Je vous dis, j'y avais mis la dernière main.

ARGENTINE.

Mais, monsieur, il me semble que c'était difficile.

SCÈNE VII.

DURVAL.

Point du tout, madame; assurément je me connais en tragédie; je vous en citerai cent où, au milieu du sujet, l'on parle de toute autre chose; je vous dirai même que cette diversité d'aventures repose l'attention du spectateur; on est bien aise de perdre de vue les premiers personnages, de faire connaissance avec d'autres, et puis de venir retrouver les premiers; mais voilà ce que mon jeune homme n'a pas voulu entendre; aussi, monsieur Arlequin, j'ai bien fait le serment de laisser là tous ces petits auteurs qui se croient du mérite, qui prennent le feu de leur jeunesse pour du talent, et leur fougue pour du génie; je vous dirai plus, c'est qu'ils ont un certain mépris pour le sang-froid avec lequel nous écoutons ce qui les enflamme. Je me connais en hommes, mon cher ami, et je vous assure que ces petits messieurs font très-peu de cas de nous autres connaisseurs, qui les jugeons pourtant, qui les formons, dont le métier vaut bien le leur; car il y a bien plus de mérite à se placer au bout de la carrière, à avertir ceux qui courent des périls qu'ils rencontreront, à leur donner des avis salutaires, à leur distribuer des couronnes, qu'à les gagner soi-même.

ARLEQUIN.

Oh! vous savez bien, mon cher Durval, que je

vous ai promis d'être toujours de votre avis, et je n'ai jamais manqué à ma parole.

DURVAL.

La littérature, mon ami, n'est pas la seule qui me donne du chagrin; vous vous souvenez de ce jeune peintre que je protégeais, dont je voulais faire quelque chose; eh bien! ce petit monsieur veut me quitter; mes lumières ne lui suffisent plus, il veut aller à Rome voir les tableaux de Rome ; cependant vous savez que j'ai un cabinet rempli de Bouchers.

ARGENTINE.

Mais, monsieur, s'il veut faire de grands progrès, il est nécessaire qu'il voie l'Italie.

DURVAL.

Je conviens, madame, qu'il y a de beaux tableaux en Italie; mais, à vous parler vrai, ce grand genre ne me plaît point; j'aime mieux nos petits tableaux français où l'on voit une petite paysanne qui porte un pot de lait, ou bien un petit berger qui joue de la flûte: c'est gracieux, c'est joli; il semble que c'est peint avec du couleur de rose ou du blanc, et mes yeux sont plus flattés d'un petit tableau comme cela que de ces grands sujets de votre pays, où les personnages sont toujours dans de grandes affections, où tous les hommes sont si bruns, si noirs; on voit leurs muscles, leurs nerfs, à en être effrayé; enfin je n'aime pas vos peintres...

SCÈNE VII.

ARGENTINE.

Cependant, monsieur...

LA BRIE, *annonçant.*

Madame la comtesse de Nerville.

ARGENTINE.

Qui est cette dame-là, mon ami?

ARLEQUIN.

Diable! c'est une femme qui a terriblement d'esprit, mais elle est toujours malade.

(*Tout le monde se lève, la comtesse entre.*)

SCÈNE VIII.

ARLEQUIN, ARGENTINE, DURVAL, LA COMTESSE.

LA COMTESSE.

Je suis mourante, monsieur Arlequin; et j'ai pourtant voulu me traîner chez vous. (*Elle salue Argentine.*)

ARLEQUIN.

Madame la comtesse, je suis bien reconnaissant de vos bontés, et j'ai l'honneur de vous présenter ma femme.

LA COMTESSE.

Je suis enchantée de faire connaissance avec madame, mais je lui demande la permission de m'asseoir; je suis d'une faiblesse à ne pas pouvoir me soutenir. (*Elle tombe dans un fauteuil.*) Bonjour, monsieur Durval, comment vous portez-vous?

DURVAL.

Madame la comtesse est bien bonne; mais c'est à elle qu'il faut demander des nouvelles de sa santé.

LA COMTESSE.

Je n'en ai point de santé, vous le savez bien, je n'en ai jamais eu, mes vapeurs m'abiment plus que jamais.

ARLEQUIN.

C'est une terrible maladie que ces vapeurs; mais, moi, je crois que si l'on pouvait oublier qu'on est malade, on serait tout de suite guéri.

LA COMTESSE.

Oublier... Voilà bien de vos propos, monsieur Arlequin : puis-je oublier le battement de mes artères temporales, le froid que je sens au sommet de la tête, mes sifflemens dans les oreilles, mes trémoussemens par tout le corps; vous êtes excellens, messieurs qui vous portez bien : vous ne voulez pas croire aux maladies; mais je voudrais vous voir mes suffocations, mon hémoptysie, mes battemens à la céliaque, à la mésentérique supérieure, ou à l'aorte; car enfin mon pouls est quelquefois si petit, qu'il est effacé dans quelques paroxismes; et vous ne voulez pas que je sois malade; et je vous dis, messieurs, que je me meurs. Je le sais peut-être.

SCÈNE VIII.

ARGENTINE, *à part, à Arlequin.*

Ah! mon ami, c'est un médecin que cette femme-là.

LA COMTESSE.

Que dit madame?

ARGENTINE.

Je suis surprise du prodigieux usage que vous avez des mots consacrés à la médecine.

LA COMTESSE.

Eh, madame, c'est le fruit de mes souffrances; c'est la douleur qui m'a rendue savante bien plus que l'étude; je n'en souffre pas moins; mais j'ai le plaisir de savoir le siège et la cause de mes maux. Par exemple, mes vapeurs; je sais à merveille leur origine; je suis convaincue que, si l'on pouvait guérir le racornissement et l'éréthisme de mes nerfs, je n'aurais plus de vapeurs; c'est cet éréthisme qui est cause de tout; j'en ai la preuve trop claire dans la cardialgie, les borborygmes et les coliques que j'éprouve; enfin mes méninges sont affectées, j'ai des suffocations au diaphragme, des palpitations au péricarde; en un mot, je souffre de partout, je suis quelquefois dans une atonie affreuse; je sens des emphysèmes douloureux; j'ai beau employer les carminatifs, madame, si vous voulez que je vous parle vrai, je crains d'avoir une tympanite.

ARLEQUIN.

Oh! il faut espérer que non, madame la comtesse. Qu'est-ce que c'est qu'une tympanite?

LA COMTESSE.

C'est une hydropisie venteuse.

DURVAL.

Madame, il est bien malheureux pour les lettres que vos souffrances vous empêchent de vous y livrer, vous étiez née pour faire un grand chemin, et les premiers vers que vous me fîtes l'honneur de me montrer indiquaient un talent bien marqué pour la poésie.

LA COMTESSE.

Ah, ah, vous vous en souvenez monsieur Durval.

DURVAL.

Sûrement, madame, et je regrette tous les jours que vous ne vous livriez pas au travail.

ARGENTINE.

Il est difficile de travailler quand on souffre.

ARLEQUIN.

Oh! cela doit être; car, moi, qui me porte bien, j'ai voulu faire une ode l'autre jour, je n'ai jamais pu seulement trouver le premier couplet.

LA COMTESSE.

Malgré mes maux, je fais quelque chose dans ce moment-ci, et même un ouvrage de longue haleine.

SCÈNE VIII.

DURVAL.

Peut-on vous demander ce que c'est?

LA COMTESSE.

Un poëme épique.

ARGENTINE.

Qu'est-ce que c'est que cela?

ARLEQUIN.

Y a-t-il un sujet à ce poëme-là?

LA COMTESSE.

Sans doute.

DURVAL.

Ce serait une indiscrétion que de demander....

LA COMTESSE.

Vous voulez que je vous le lise, je vois bien cela; quoique je sois mourante, et que je souffre beaucoup de l'abdomen, je vais vous en montrer un morceau, à condition que vous me direz franchement ce que vous en pensez; car, si vous me flattez, je vous promets de ne pas achever.

ARGENTINE, *à part.*

Je sens que je la flatterai.

DURVAL.

Ah! madame, que vous êtes bonne!

ARLEQUIN.

Madame.... nous écoutons.

LA COMTESSE.

Voici ce que c'est; le sujet de mon poëme est l'anatomie.

ARGENTINE.

Comment, madame?

LA COMTESSE.

Oui, madame, l'anatomie, c'est le sujet de mon poëme; j'en ai déjà quarante-deux chants de faits. Voici le commencement.

ARLEQUIN.

Je vous demande pardon, madame la comtesse, je ne sais pas trop bien ma fable, moi; l'anatomie, c'est quelque guerre, quelque chose comme cela.

DURVAL.

Eh, non pas, mon ami, c'est la connaissance du corps humain.

ARLEQUIN.

Ah! c'est vrai; et c'est là le sujet qu'a choisi madame la comtesse? C'est bon, j'écoute.

LA COMTESSE.

Non....

ARLEQUIN.

Comment, non! vous ne voulez pas nous le lire?

LA COMTESSE.

Eh! je commence, écoutez donc : Non....

ARLEQUIN.

Non est donc le commencement?

SCÈNE VIII.

DURVAL.
Sans doute; taisez-vous donc.

LA COMTESSE.
Non, je n'invoque point les filles du Permesse,
Ce n'est point à Phœbus qu'aujourd'hui je m'adresse.
Assez d'autres sans moi, dans leurs frivoles chants,
Prodiguent à ce dieu leurs vœux et leur encens;
Moi j'invoque la Mort : ô déesse homicide!
Toi qui moissonnes tout dans ta course rapide,
O Mort! viens m'animer, di.....

DURVAL.
Ah! que c'est beau!

ARLEQUIN.
Ah! que c'est beau!

ARGENTINE.
C'est trop beau.

LA COMTESSE.
O Mort! viens m'animer, dirige mes travaux,
Conduis mes pas tremblans au milieu des tombeaux,
Viens d'un squelette humain me montrer la structure,
Laisse-moi dans son flanc retrouver la nature;
Laisse-moi distinguer jusqu'à ses moindres traits,
Et, le scalpel en main, t'arracher tes secrets.
O Mort! à ton flambeau j'allume mon génie,
Et je veux te forcer d'ajouter à la vie.

Voilà l'invocation; qu'en dites-vous?

DURVAL.
Madame, c'est fort beau, c'est sublime.

ARLEQUIN.

Oh! superbe.

DURVAL.

Vous me permettrez pourtant une petite observation : vous finissez là par ce beau vers :

O mort ! à ton flambeau j'allume mon génie.

La mort a-t-elle un flambeau ?

LA COMTESSE.

Sans doute, monsieur, le flambeau de la mort ; mais c'est connu.

ARLEQUIN.

Oui, mais cependant...... je suis de l'avis de M. Durval, moi.

LA COMTESSE.

Je vous assure, messieurs, que je ne m'attendais pas à cette objection ; elle n'est pas fondée, c'est un de mes plus beaux vers. Qu'en dites-vous, madame ?

ARGENTINE.

Ma foi, madame, les autres me paraissent de la même force.

LA COMTESSE.

Vous êtes bien honnête ; mais cependant celui-là est bien plus fortement créé, et je suis étonnée qu'il ne soit pas du goût de M. Durval.

DURVAL.

Ma foi, madame la comtesse, je vous conseille de

SCÈNE VIII.

l'ôter; ôtez-le, croyez-moi, vous en ferez aisément un autre; mais donnez-moi cette marque d'amitié, je vous en supplie; et, pour vous en marquer ma reconnaissance, j'ai un épisode tout fait, dans mon portefeuille, que je vous donnerai, vous le mettrez dans votre poëme.

LA COMTESSE.

Il est bien question de votre épisode!

DURVAL.

Madame, c'est l'histoire de Pyrame et Thisbé, et je vous réponds qu'avec quatre vers, deux au commencement, deux à la fin, vous l'encadrerez à merveille.

LA COMTESSE.

Bah, vous ne savez ce que vous dites, et je ne vous achèverai pas mon poëme; en vérité, j'avais meilleure opinion de votre goût. Je n'en puis plus, je me suis épuisée pour vous dire ce peu de vers, j'ai besoin de regagner mon lit. Adieu, monsieur Arlequin; adieu, madame; je me meurs : voilà mes vapeurs qui me prennent.

ARLEQUIN.

Permettez que je vous donne la main.

LA COMTESSE.

Non, non, laissez-moi, au nom de Dieu, laissez-moi m'en aller; je me meurs.

(*Elle sort.*)

SCÈNE IX.

ARLEQUIN, ARGENTINE, DURVAL.

ARGENTINE.

Elle est en colère contre vous, monsieur Durval: pourquoi aussi vous aviser de la critiquer?

DURVAL.

Vous voyez, madame, l'orgueil des gens de lettres; leur esprit chatouilleux ne peut pas supporter tout ce qui n'est pas louange; aussi je n'en veux plus voir; je ne veux plus m'occuper que de musique: ah! parlez-moi des musiciens, voilà des gens polis, dociles, et qui connaissent le prix du connaisseur qui les encourage. Dernièrement je donnais des avis à un compositeur; il fallait voir avec quelle attention il m'écoutait; et cependant il est convenu depuis qu'il ne me comprenait pas; vous le connaissez peut-être; c'est Concertini.

ARLEQUIN.

Sûrement je le connais.

DURVAL.

Voilà ce qui s'appelle un homme, un grand homme: ah! vous n'avez pas vu son nouvel opéra; c'est là de la musique, une harmonie douce, tendre et toujours chantante, une mélodie passionnée, une.... Monsieur, nous ne sommes pas encore dignes de cet homme-là.

SCÈNE IX.

ARLEQUIN.

Oh ! sûrement ; il faut qu'il soit bien poli pour avoir la bonté de venir ici.

ARGENTINE.

C'est donc un très-grand compositeur?

DURVAL.

Ah, madame ! c'est qu'il n'y a pas un seul morceau qui n'attache, qui n'entraine : c'est toujours un chant doux, gracieux ; vous vous sentez enlever de terre sans vous en apercevoir, et votre ame reste suspendue dans la région du plaisir tout le temps que vous écoutez. Le grand malheur, c'est que Paris a les oreilles bien longues pour entendre cette musique-là.

ARLEQUIN.

Oh ! c'est superbe ! et avec cela une musique toujours gentille, n'est-il pas vrai?

DURVAL.

C'est au-dessus de tout ce que nous connaissons, et ce n'est pas beaucoup dire : vous l'avez donc entendu?

ARLEQUIN.

Non ; et vous?

DURVAL.

Je ne l'ai pas encore entendu, mais je tiens tout ce que je vous ai dit d'un des amis de Concertini, chez qui j'ai diné hier.

ARLEQUIN.

Oh bien, rejouissez-vous, car Concertini doit venir ce soir passer une heure avec moi, pour me montrer plusieurs morceaux de son opéra.

DURVAL.

Ce soir..... ah, quel bonheur !.... Permettez que je vous embrasse. (*Il embrasse Arlequin.*) (*A Argentine.*) Pardonnez-moi, madame, si je ne sais pas contraindre mes transports, mais j'ai l'ame sensible, vive, ardente, et je n'entends pas le mot de musique sans répandre des larmes de plaisir. Quelle journée pour moi ! j'entendrai Concertini ce soir, et je sors d'une maison où la célèbre Carminette a chanté !

ARLEQUIN.

Ah, ah ! cette cantatrice italienne; eh bien, qu'en dites-vous ?

DURVAL.

Ah ! monsieur, quelle voix ! cette femme tenait mon ame sur ses lèvres, rien ne vivait dans moi que mes oreilles. Nos chanteuses de France paraissent ensuite bien misérables.

ARGENTINE, *à Arlequin.*

Par exemple, mon ami, tu aurais bien dû me faire souper avec une compatriote.

ARLEQUIN.

Oh ! je ne la connais pas; d'ailleurs elle n'est pas de notre pays.

SCÈNE IX.

ARGENTINE.

Et d'où est-elle donc ?

ARLEQUIN

C'est une Italienne de Paris.

ARGENTINE, *riant.*

Comment donc ?

DURVAL.

Madame, voici l'histoire: Carminette est Française, mais ses parens, qui étaient du petit nombre des vrais amateurs que la musique avait ici il y a quinze ans, lui ont fait prendre l'accent italien dès son enfance. Elle chante comme une véritable Italienne, avec tous les petits agrémens, les ports de voix, et cette mollesse d'expression qui enchante l'ame ; elle prononce les *c* en *tch*, les *u* en *ou*, de sorte que, lorsqu'elle chante des paroles françaises, notre langue y gagne infiniment ; elle acquiert dans sa bouche une douceur et une harmonie dont nous ne l'aurions jamais crue susceptible. Vous ne m'entendez peut-être pas.

ARLEQUIN.

Oh! que si; c'est une voix que l'on a arrangée exprès; M. le comte de Valcourt faisait de même; il aimait beaucoup les chevaux anglais, mais, quand il n'en pouvait pas avoir, il faisait couper la queue à des chevaux limousins, puis il la leur faisait tenir en l'air, je ne sais comment, et puis il les croyait des chevaux anglais.

LA BRIE, *annonçant.*

M. Concertini.

SCÈNE X.

ARLEQUIN, ARGENTINE, DURVAL, CONCERTINI.

DURVAL.

Ah! le voilà.

(*Tout le monde se lève.*)

CONCERTINI.

Monsiou Arliquino, votre servitour; il y a fallou m'échapper de trente maisons pour venir vous voir; aussi je n'ai qu'oun petit moment à vous donner. Le douc Montalto m'attend, et je souis sour qu'il crie après moi. Bonjour, monsiou Dourval.

ARLEQUIN.

Monsieur, je suis très-reconnaissant de toutes vos bontés; et voilà ma femme qui sera ravie de vous applaudir et de faire connaissance avec vous.

CONCERTINI.

J'espère que l'amitié de monsiou Arliquino sera oun titre pour moi auprès de madame; je compte plous sour ce titre que sour mon faible talent. (*Il rit.*)

SCÈNE X.

DURVAL.

Oh! monsieur Concertini, madame arrive d'Italie; elle est de la secte du goût, elle est digne de vous écouter. Tenez, nous ne sommes ici que trois; mais jamais peut-être à Paris vous ne trouverez un auditoire qui sente aussi bien tout ce que vous valez.

CONCERTINI.

Ah! j'aurais tort de me plaindre de Paris; on m'a fort bien traité; et pout-être en Italie on n'aurait pas été si pouli.

DURVAL.

Moi, je trouve que bien peu de gens vous ont rendu justice, monsieur Concertini; combien vous devez souffrir quand vous trouvez sur votre chemin quelques-uns de ces barbares qui osent nier le pouvoir de votre musique, et qui écoutent froidement et sans être émus les sons divins que vous créez.

CONCERTINI, *riant.*

Ah, ah, que voulez-vous; nous voyons tous avec les yous que nous avons; ceux qui n'en ont point d'yous ne comprennent pas que les autres voient. Je ne réponds jamais à ces gens-là..... Mais je souis beaucoup pressé, le douc de Montalto m'attend; avec la permission de madame, je vais vous faire entendre oun morceau de mon opéra.

DURVAL.

Ah! écoutons, écoutons; madame, monsieur, écoutons.

CONCERTINI.

Voici ce que c'est.

(*Il se met au clavecin, et prélude avec beaucoup de mines et de grimaces. Durval s'écrie.*)

DURVAL.

Ah! que c'est beau!

CONCERTINI.

Ce n'est qu'oun accord.

DURVAL.

J'ai cru que c'était la ritournelle.

ARGENTINE, *à part*.

Mais ils sont fous.

CONCERTINI.

Il faut vous expliquer la scène. Moun opéra est l'opéra de Broutous; c'est oun joune homme qui m'a fait les paroles; on dit qu'elles ne sont pas bonnes, mais cela m'est fort égal. Il y a des mousiciens qui ne peuvent travailler que sour de bonnes paroles; mais moi je regarde les paroles comme oun peintre regarde sa toile; la mousique doit couvrir tout cela. Voici pourtant ce que c'est : Broutous vient d'assassiner César; il entre sur la scène avec son poignard tout sanglant; sa mère Servilie, qui a été la maîtresse de César, le trouve et lui

SCÈNE X. 215

demande qui il vient de touer; Broutous lui dit: Oun tyran. — Quel tyran? — César, lui dit Broutous. Alors Servilie lui chante ceci.

Barbare, qu'as-tu fait? César était ton père,
    Et ton bras lui perce le sein;
Viens combler tes forfaits, assassine ta mère;
    Un tel effort est digne d'un Romain.

(*Concertini chante ces paroles d'un air très-tendre; il s'accompagne lui-même avec beaucoup de véhémence, et toutes les fois qu'il s'arrête, Durval s'écrie: Ah! que c'est beau! Arlequin répète tout de suite: Ah! que c'est beau! et Argentine lève les épaules. Cette scène qui n'est qu'indiquée, dépend principalement des acteurs.*)

DURVAL, *s'essuyant les yeux.*

Ah! monsieur Concertini, quel morceau! quel morceau! Grands dieux! vous m'avez fait fondre en larmes.

CONCERTINI, *riant.*

Ah, ah; né plourez pas, c'est fini; et comme j'ai prévou que cet endroit ferait plourer, j'ai mis là tout de souite oun ballet pour rétablir la gaieté.

ARGENTINE.

Comment, monsieur, un ballet!

CONCERTINI.

Oui, madame; vous savez qu'à l'Opéra on personnifie tout; j'ai ousé de la permission pour faire danser oune petite gavotte à la république romaine et à la liberté, en réjouissance de la mort de César.

ARGENTINE.

Et Servilie, que devient-elle?

CONCERTINI.

Elle se met dans oun coin pour pleurer, tandis que la république et la liberté dansent, et ma mousique exprime plours par ici, gavotte par-là, c'est le plous jouli de l'opéra.

DURVAL.

C'est un trait de génie. Ah! monsieur Concertini, je suis encore ivre de ce morceau. Mais, dites-moi, l'avez-vous fait tout de suite comme il est là.

CONCERTINI.

Oh! non, j'y ai beaucoup changé.

DURVAL.

Eh bien, pourquoi ne pas graver à la suite de votre opéra toutes ces variantes; ces débris de notes sont des chefs-d'œuvre que vous nous dérobez, monsieur Concertini : quand on taille des diamans, l'on recueille jusqu'aux plus petits morceaux.

CONCERTINI, *toujours riant.*

Ah, ah, nous verrons. (*à Arlequin.*) Il a bien de l'esprit, ce monsiou Durval.

ARLEQUIN.

Oh! votre ariette est magnifique; il me semble cependant, permettez-moi de vous le dire, monsieur

Concertini, il me semble que lorsque vous parlez de forfaits, d'assassinats, il faudrait un peu plus de bruit, là, un peu plus de..... cela fait du bruit d'assassiner, surtout quand ce sont des grands seigneurs qui s'assassinent. Qu'en dites-vous?..

CONCERTINI, *toujours ricanant.*

Ah! monsiou Arliquino, cette objection n'est guère d'oun connaisseur comme vous. Si je voulais dou bruit, je sais bien où en prendre : mais vous sentez que si ma mousique devient plous forte, elle cesse d'être chantante, et il faut d'abord chanter, pouis l'on exprime si l'on peut.

DURVAL.

Eh, sans doute; et voilà ce qu'ils ne veulent pas comprendre; mais vous nous y amènerez, monsieur Concertini; soyez tranquille, vous nous rendrez musiciens malgré nous, malgré nos oreilles; vous ferez à Paris ce que Orphée fit chez les Thraces, quoique je sois convaincu que les Thraces étaient moins barbares que nous.

CONCERTINI, *toujours riant.*

Allons, allons, ne dites pas de mal de votre nation; ah! qu'il y a encore bien du goût. Si les Français voulaient s'entendre pour admirer tout ce que nous faisons, vous verriez que ce pays-ci vaudrait bien le nôtre; mais..... ils s'attachent aux paroles, ils veulent que les poëmes soient joulis, qu'ils signifient quelque chose, tout cela gêne oun mousicien; voulez-vous que je vous dise le grand défaut des Français pour la mousique; c'est qu'ils ont trop d'esprit, et ça tue l'oreille. Mais on m'attend, je vous demande pardon, et je m'enfouis. Adiou, madame: adiou, messiours.

DURVAL, *courant après lui.*

Monsieur Concertini, un mot, s'il vous plaît; demain matin serez-vous chez vous?

CONCERTINI.

Oui, monsiou.

DURVAL.

Eh bien, j'irai vous voir, et je vous porterai un petit épisode de Pyrame et Thisbé, que vous ne trouverez pas mal, et que vous pouvez faire entrer dans votre opéra; je vous montrerai cela.

CONCERTINI.

Monsiou, je vous serai fort obligé; nous le lirons ensemble, et nous verrons: bien obligé, monsiou Dourval. Adiou, monsiou Arliquino.

SCÈNE XI.

ARLEQUIN, ARGENTINE, DURVAL.

DURVAL.

Quel homme! quel génie!..... Mais, madame, vous devez avoir eu bien plus de plaisir que moi, vous

SCÈNE XI.

qui avez le bonheur d'être Italienne. Ah! pourquoi ne suis-je pas né dans cette patrie du goût, des talens, de l'harmonie; de l'harmonie, cet art divin, ce don du ciel que les dieux nous ont accordé pour charmer nos peines, pour augmenter nos plaisirs! c'est aux Italiens que la Divinité a confié ce présent céleste; ce sont eux qui viennent nous donner de nouvelles sensations, nous faire connaître de nouveaux plaisirs, adoucir nos mœurs, polir nos ames et nos oreilles; et nous, Français, nous, descendans des Goths et des Sicambres, nous avons encore les oreilles sicambres.

ARGENTINE.

Monsieur Durval est sûrement musicien.

DURVAL.

Moi, madame, point du tout; cela m'empêche-t-il de sentir, d'avoir une ame et de me connaître au plaisir que j'éprouve; je serais bien fâché d'être musicien; je perdrais peut-être en sensations ce que je gagnerais en science; la musique est faite pour ceux qui ne la savent pas.

ARLEQUIN.

Oh! c'est si vrai que moi je n'ai jamais voulu l'apprendre, parce que dès-lors je n'y aurais plus rien compris.

DURVAL.

Madame, c'est avec douleur que j'en conviens;

mais notre nation n'est pas faite pour la musique ; enfin, nous sommes au moment où, avec quelques efforts de plus, nous sortions de notre barbarie, et ces efforts, nous avons négligé de les faire. Nous qui possédons tant d'hommes distingués par leurs lumières, par leurs talens, croiriez-vous que la musique a eu de la peine à trouver des défenseurs dans cette classe de gens éclairés ? ils n'ont pas daigné combattre pour elle !

ARGENTINE.

Mais je le crois bien, monsieur. Comment ! vous voudriez que ceux qui nous apprennent à penser, ceux qui tiennent dans leurs mains nos cœurs et nos esprits descendissent de ce sublime emploi à celui de soldat d'un compositeur ! vous voudriez qu'au lieu de se tenir étroitement unis pour étendre la raison, la vérité, ils abandonnassent cette belle cause pour les intérêts d'un opéra ! Vous n'y pensez pas, monsieur ; ils ne prendront sûrement pas la peine de se haïr pour des prétentions aussi ridicules ; en vérité, si cela arrivait, il me semblerait voir des abeilles quitter leur miel et se tuer entre elles pour faire régner un bourdon.

ARLEQUIN.

Savez-vous bien que ma petite femme a lu, au moins. Oh ! sango di mi ! elle sait tout ; moi je ne sais rien ; mais elle m'aime, et je crois savoir tout.

SCÈNE XI.

DURVAL.

Mais vous m'étonnez, monsieur Arlequin; vous ne défendez pas la musique, vous qui l'aimez, qui la soutenez.

ARLEQUIN.

Oh, moi, je l'aime à cause de vous autres, sans cela vous auriez dit que je suis une bête. Il faut avoir de l'esprit comme elle pour avoir un avis à soi. Je n'ose rien dire, parce que vous traitez d'imbéciles tous ceux qui ne pensent pas comme vous.

DURVAL.

Je voudrais avoir le temps de discuter une cause aussi intéressante, je prouverais sûrement à madame combien la musique élève son pays au-dessus de tous les autres. Mais il faut que je coure chez le duc de Montalte; Concertini chante peut-être, et mon cœur vole après lui.

(*Il salue et s'en va.*)

SCÈNE XII.

ARLEQUIN, ARGENTINE.

ARGENTINE.

Mon ami, cet homme de mérite est un peu fou.

ARLEQUIN.

Oh! que non; il s'est rendu comme cela exprès; je t'assure qu'il a bien de la peine à avoir tout le plaisir qu'il nous dit.

SCÈNE XIII.

ARLEQUIN, ARGENTINE, LA BRIE.

LA BRIE.

Monsieur, voilà cet officier qui est déjà venu ; il demande à vous parler en particulier.

ARLEQUIN.

Dis-lui d'entrer, je suis tout seul avec ma femme.

SCÈNE XIV.

ARLEQUIN, ARGENTINE, LE CHEVALIER.

LE CHEVALIER.

Est-ce à monsieur Arlequin que j'ai l'honneur de parler ?

ARLEQUIN.

Oui, monsieur ; donnez-vous la peine de vous asseoir.

LE CHEVALIER.

Monsieur, je désirerais beaucoup pouvoir vous entretenir dans votre cabinet.

ARLEQUIN.

Monsieur, c'est tout comme si vous y étiez ; madame est ma femme, et, grace à Dieu, nous sommes toujours ensemble comme si nous étions tout seuls ; ainsi imaginez-vous que vous êtes tête-à-tête avec moi.

SCÈNE XIV.

LE CHEVALIER.

C'est à votre honnêteté que je vais confier le secret de ma vie. Vous êtes l'héritier du comte de Valcourt?

ARLEQUIN.

Oui, monsieur, et malgré cela je le pleurerai long-temps.

LE CHEVALIER.

Monsieur, je suis le malheureux fils du comte de Valcourt.

ARLEQUIN.

Vous êtes son fils! mais il n'était pas marié.

LE CHEVALIER.

Pardonnez-moi, monsieur; le comte de Valcourt devint amoureux de ma mère dans une garnison où il était, et voulut l'épouser. Ma mère n'avait ni fortune ni naissance; la famille du comte s'opposa à son amour, et le comte, à l'insu de tous ses parens, épousa ma malheureuse mère. Voilà le contrat de mariage.

ARLEQUIN.

Oh! je vous crois, car je vous plains déjà.

ARGENTINE.

Mais comment se fait-il, monsieur, que le comte de Valcourt ait donné tout son bien à mon mari, de préférence à sa femme et à son fils?

LE CHEVALIER.

Ma malheureuse mère se brouilla avec son époux peu de temps après ma naissance, pour des raisons que je rougirais de rapporter, et que mon respect pour ma mère me force de vous taire. Le comte, indigné, abandonna celle qui l'outrageait, et confondit avec sa coupable femme le malheureux enfant que vous voyez. Ma mère m'éleva et me soutint avec le peu de fortune qui lui resta; elle me plaça dans le service, où j'ai gagné l'amitié de mes chefs, sans pouvoir regagner celle de mon père; il est mort toujours irrité. Ma mère l'a suivi peu de temps après; et ayant appris que vous étiez l'héritier de tous les biens du comte de Valcourt, je viens vous demander, monsieur, si, en mourant, mon père n'a pas pensé que j'existais.

ARLEQUIN.

Non, monsieur, non, mon cher ami. (*Il pleure.*) Il n'a pas dit un mot de vous; mais, grace à Dieu, c'est moi qui ai tout votre bien; et c'est fort heureux pour vous, car je m'en vais vous le rendre, mon cher ami. N'est-ce pas, ma femme, tout lui appartient?

ARGENTINE.

Sans doute, mon ami, il faut tout rendre.

LE CHEVALIER.

Comment! mais la loi est pour vous; le mariage

SCÈNE XIV.

de mon père n'a jamais été déclaré, et je n'ai rien à prétendre. La loi....

ARLEQUIN.

Je n'ai que faire de la loi quand mon cœur et ma femme parlent; vous voyez bien qu'ils me crient tous les deux à la fois que votre bien n'est pas à moi; ainsi, mon cher ami, je vais tout vous rendre : seulement ne me demandez pas ce que j'ai dépensé pour faire venir ma femme, et tout ce que j'ai mangé ici ; je ne pourrais pas vous le rendre, parce que nous sommes fort pauvres.

ARGENTINE.

Monsieur, vous êtes trop juste pour ne pas accorder tout ce que mon mari vous demande. Rentrez dans tous vos droits, et nous, mon ami, nous allons retourner à Bergame.

LE CHEVALIER.

Où suis-je donc? Je ne sais si je veille ; quoi! vous avez la générosité....

ARLEQUIN.

Mais vous n'avez donc pas vécu avec des honnêtes gens, puisque cela vous étonne? Écoutez, j'ai une prière à vous faire, mon cher maître; car votre père l'était, et je l'aimais bien; faites-moi le plaisir de conserver tous les domestiques que j'avais conservés, et puis, payez au tailleur cet habit-ci, que je n'ai pas payé ; car je veux toujours porter le deuil de mon bon maître.

LE CHEVALIER.

Vous m'attendrissez, mon ami, mon bienfaiteur ; j'accepte tous vos bienfaits ; mais soyons une même famille : quand vous me connaîtrez, vous m'aimerez peut-être. Je vous estime, je vous respecte, je vous honore comme vous le méritez. Restez avec moi ; soyez ma sœur, madame, et vous mon frère, je serai le plus heureux des trois.

FIN D'ARLEQUIN MAÎTRE DE MAISON.

LE DUC D'ORMOND,

COMÉDIE EN UN ACTE.

PERSONNAGES.

Le duc d'ORMOND.
VALCOURT.
CONSTANCE, sa femme.
MERVILLE.

LE DUC D'ORMOND,

COMÉDIE.

Le théâtre représente un port sur la rivière ; on voit plusieurs barques.

SCÈNE I.

LE DUC, MERVILLE.

LE DUC.

Êtes-vous sûr que Valcourt soit à Paris?

MERVILLE.

Oui, monsieur le duc, il est ici depuis six mois; je le vois presque tous les jours.

LE DUC.

C'est sûrement lui que j'ai rencontré hier ; mais il est bien étrange que depuis six mois je n'aie point entendu parler de lui.

MERVILLE.

Il a donc l'honneur d'être connu de vous?

LE DUC.

Il y a quatre ans que je fis connaissance avec lui

dans une maison où nous nous voyions très-souvent. Il me parut aimable et rempli d'honneur; je désirais de mériter son amitié, et je savais presque mauvais gré à la fortune de l'avoir mis dans le cas de ne pas avoir besoin de moi.

MERVILLE.

Son sort est bien changé.

LE DUC.

Comment! il était riche alors, jeune, à la veille d'avoir un régiment; il excitait l'envie de tous ceux qui n'étaient pas dignes d'être ses amis.

MERVILLE.

Il n'exciterait plus que la pitié.

LE DUC.

Expliquez-vous.

MERVILLE.

L'amour est la cause de tous ses malheurs. Valcourt aima Constance, la fille d'un simple négociant. Il en fut bientôt aimé; mais la plus grande partie de la fortune de Valcourt dépendait d'un oncle qui ne voulut jamais consentir au mariage des deux amans. Valcourt épousa Constance en secret. Peu de temps après, une faillite ruina le père de sa femme, et le mit dans le cas de manquer aux engagemens les plus sacrés. Alors Valcourt déclara son mariage, vendit tout ce qu'il possédait pour sauver l'honneur de son beau-père; et, bravant l'infortune

SCÈNE I.

et la colère de son oncle, sa propre estime et la tendresse de Constance lui tinrent lieu de tout ce qu'il perdait.

LE DUC.

Votre récit attendrit et élève mon ame.

MERVILLE.

Il ne resta plus rien à Valcourt que sa compagnie de cavalerie: pour comble de malheur, il fut réformé. Son beau-père est mort de chagrin, et l'infortuné Valcourt, père de deux enfans, dont l'existence l'occupe davantage que la sienne; époux d'une femme adorable, dont le courage et la vertu le soutiennent au milieu de tant de revers, Valcourt est à Paris depuis six mois, à solliciter inutilement le ministre pour obtenir d'être replacé.

LE DUC.

C'est sûrement lui que je vis hier aux Tuileries: j'aperçus un officier que je crus reconnaître, donnant le bras à une jeune femme dont la beauté me frappa : jamais je n'ai vu de figure aussi intéressante et aussi honnête; la pudeur et la beauté semblaient s'être disputé son visage. Je la suivis quelque temps ; mais je vis que cet officier cherchait à m'éviter ; et n'étant pas sûr que ce fût Valcourt, je cessai de les suivre : mais les traits de Constance, car c'était elle sûrement, ont laissé dans mon cœur une impression qu'il m'est impossible de vous rendre.

MERVILLE.

Si vous la connaissiez comme moi, vous l'aimeriez bien davantage. Depuis leur arrivée ici, je les ai vus tous les jours, et chaque jour j'ai découvert une nouvelle vertu dans Constance. Elle console son mari, elle fait passer dans son ame une espérance qu'elle-même n'a pas. Monsieur le duc, il me semble que l'effort le plus sublime d'un cœur sensible, c'est d'adoucir dans les autres les peines dont il est lui-même pénétré.

LE DUC.

Ecoutez-moi, Merville; je peux, ce me semble, être utile à Valcourt; j'ai un régiment où je suis le maître de donner les emplois. Parlez-lui de l'ancienne liaison que nous avons formée; dites-lui que je veux la renouer; amenez-le chez moi, ou bien présentez-moi chez lui.

MERVILLE.

Chez lui! Hélas! monsieur le duc, dans votre rang, on ne sait pas qu'un malheureux n'a point de chez lui. D'ailleurs Valcourt a conservé dans ses malheurs cette fierté que l'infortune ne peut abattre dans une grande ame. Il vous a évité, dites-vous, aux Tuileries; ne craignez-vous point de l'affliger en le forçant de montrer sa misère à celui qui vit son opulence?

LE DUC.

Non, non; je veux devenir son ami, je veux le

placer dans mon régiment ; d'ailleurs cette Constance dont vous m'avez tant loué les qualités, cette Constance doit l'engager elle-même à ne pas dédaigner quelqu'un qui peut et qui veut lui être utile.

MERVILLE.

Constance n'habitera pas long-temps cette ville, elle en doit partir aujourd'hui.

LE DUC.

Aujourd'hui, et pourquoi?

MERVILLE.

Le peu d'argent qu'ils avaient est épuisé, et....

LE DUC, *vivement.*

Ah! mon ami, portez-leur ma bourse, dites à Constance qu'elle m'honorera d'accepter mes services.

MERVILLE.

Elle a refusé les miens, et je ne suis pas un grand seigneur ; jugez.

LE DUC.

Et où doit-elle aller ?

MERVILLE, *le regardant.*

C'est un secret que j'ignore. Mais je m'aperçois, monsieur le duc, que je vous retiens depuis bien long-temps ; je vous ai détourné de votre promenade, et j'ai l'honneur de prendre congé de vous.

LE DUC.

Attendez-donc, vous êtes bien pressé, M. de Merville.

MERVILLE.

J'ai quelques affaires, monsieur le duc.

(*Il sort.*)

SCÈNE II.

LE DUC, *seul.*

Il a raison; Valcourt rougirait de me revoir, et Constance serait effrayée d'un protecteur de mon âge et de mon état. Pourquoi faut-il que l'on nous craigne, même lorsque nous voulons faire du bien... Mais ne vois-je pas Valcourt avec sa femme.... Oui, c'est elle, c'est Constance..... Eloignons-nous et ne les perdons pas de vue.

(*Il se tient au fond du théâtre.*)

SCÈNE III.

CONSTANCE, VALCOURT.

(*Valcourt lui donne le bras, et porte un petit paquet; il est en uniforme bleu.*)

CONSTANCE.

N'est-ce pas ici, mon ami, que je vais te quitter?

VALCOURT.

Hélas! oui; mais la voiture ne partira pas encore, nous avons le temps de nous dire adieu.

SCÈNE III.

CONSTANCE.

Je suis moins à plaindre que toi, je vais retrouver mes enfans; toi, tu resteras seul.

VALCOURT.

Je t'écrirai tous les jours, mon amie; et si les démarches que je vais faire d'ici à un mois sont inutiles, j'irai te rejoindre: surtout ne sois pas inquiète de moi; ta santé est déjà si faible; je serais si malheureux sans toi, qu'il faut bien prendre garde de ne pas augmenter mes chagrins.

CONSTANCE, *cachant ses larmes.*

O mon ami, jamais je ne me suis si bien portée. D'ailleurs cette nourrice de mes enfans, chez laquelle je vais, m'a toujours paru une honnête femme. Elle aura bien soin de moi.

VALCOURT.

Tu lui diras qu'il est impossible que notre fortune ne change pas, et qu'alors je ne croirai jamais assez payer ce qu'elle fera pour toi.

CONSTANCE.

Mon ami (*elle pleure*), nous ne nous étions pas encore quittés.

VALCOURT.

Oh, je te rejoindrai bientôt; mon cœur me dit que je n'obtiendrai rien, et dans ce moment-ci mon cœur me console.

CONSTANCE.

Que deviendrons-nous donc?

VALCOURT.

N'ai-je pas des bras, Constance? je labourerai la terre, je te nourrirai, toi et nos enfans; du moins je ne te quitterai plus.

SCÈNE IV.

VALCOURT, CONSTANCE, MERVILLE.

MERVILLE.

Eh quoi! Constance, vous partez sans me dire adieu.

CONSTANCE.

Pardonnez, M. de Merville, Valcourt devait vous dire combien je vous regrette.

MERVILLE.

Et où va-t-elle, mon ami? comment s'en va-t-elle?

VALCOURT.

Elle va chez la nourrice de nos enfans, où elle attendra que j'aie fini mes affaires dans ce malheureux pays-ci. J'ai arrêté sa place dans un bateau couvert qui doit partir pour Rouen. Mais je vois le batelier qui vient nous avertir. Allons, mon amie, allons, il faut nous quitter.

CONSTANCE.

Ecris-moi dès ce soir, et ne pleure pas si tu veux que je parte.

SCÈNE IV.

VALCOURT, *lui donnant sa montre.*

Tiens, mon amie, prends cette montre, elle pourrait te servir dans un moment pressant.

CONSTANCE.

Et toi?

VALCOURT.

Moi, je n'en ai que faire, je compterai bien les heures sans elle.

CONSTANCE.

Merville, retenez-le, je vous en prie, et ne le quittez pas d'aujourd'hui. Adieu, mon cher ami.
(*Ils s'embrassent au bord de la coulisse, Merville retient Valcourt.*)

LE DUC *traverse le théâtre pour suivre Constance, et dit à deux laquais :*

Faites ce que je vous ai dit.

SCÈNE V.

MERVILLE, VALCOURT.

MERVILLE.

Allons, du courage, mon cher Valcourt; vous la reverrez bientôt; j'ai de bonnes nouvelles à vous annoncer : le duc d'Ormond, que vous avez beaucoup connu, m'a chargé de vous dire qu'il voulait faire lui-même toutes les démarches nécessaires à votre avancement.

VALCOURT.

Ces bateaux-là sont bien sûrs?

MERVILLE.

Oui, mon ami, mais tâchez de vous distraire. Vous souvenez-vous du duc d'Ormond?

VALCOURT.

Oui; dans le temps de ma prospérité, il se disait mon ami; mais c'est toujours lorsque l'on n'a besoin de personne que tout le monde vous offre ses services.

MERVILLE.

Il m'a parlé de vous avec chaleur, il désirerait de vous revoir. Croyez-vous qu'il pût vous être utile?

VALCOURT.

S'il en a véritablement le désir, il saura bien me trouver. Mon ami, je crains les grands seigneurs; j'ai vécu avec eux, leur éducation étouffe leur bon naturel, on leur apprend dès l'enfance à avoir tous les goûts sans aimer personne.

MERVILLE.

Je le sais bien; mais l'honnête homme qui a besoin d'eux peut, sans s'abaisser....

VALCOURT.

Nous verrons, Merville; nous causerons de tout cela une autre fois. Quittons ce lieu où je ne me trouve pas bien.

MERVILLE.

Attendez, voilà le duc lui-même; il veut vous parler.

SCÈNE VI.

VALCOURT, MERVILLE, LE DUC.

LE DUC.

J'ai à me plaindre de vous, monsieur de Valcourt; vous m'avez autrefois témoigné de l'amitié, et vous êtes à Paris depuis long-temps sans vous être souvenu de moi.

VALCOURT.

Pardonnez, monsieur le duc, des affaires cruelles, des malheurs....

LE DUC.

Je sais tout ce qui vous est arrivé, et voilà le motif de mes plaintes. Si vous étiez heureux, ce ne serait qu'un oubli; mais vous êtes malheureux, et dès lors c'est presque une offense.

VALCOURT.

Je vous reconnais, monsieur le duc; mais....

LE DUC.

Voulez-vous du moins me permettre d'avoir une conversation avec vous?

VALCOURT.

Je suis à vos ordres.

LE DUC.

Monsieur de Merville, je vous demande pardon, mais nous avons besoin d'être seuls.

(*Merville sort.*)

SCÈNE VII.

LE DUC, VALCOURT.

LE DUC.

Je n'ignore aucun des malheurs qui vous sont arrivés; je sais que vous n'en avez mérité aucun, et que c'est votre amour pour l'honneur qui vous a mis dans l'infortune.

VALCOURT.

J'ai fait mon devoir, sans m'embarrasser de ce qui pourrait m'en arriver.

LE DUC.

Vous méritez des éloges....

VALCOURT.

Que je vous prie de m'épargner; vous me prouverez bien mieux que vous m'en croyez digne.

LE DUC.

Je me suis occupé, à votre insu, de vos intérêts; il ne tient qu'à vous d'avoir la lieutenance de roi d'une place frontière; elle rapporte quatorze mille livres de rente.

SCÈNE VII.

VALCOURT.

Je n'en demande pas tant, monsieur; ces places-là doivent être la récompense de braves officiers qui ne peuvent plus servir le roi. Je suis encore à la fleur de l'âge, et la croix que j'ai l'honneur de porter a acquitté le roi envers moi.

LE DUC.

Monsieur de Valcourt, j'admire votre modestie et l'élévation de votre ame. Mais songez que vous n'avez rien, que je suis sûr dans ce moment de vous obtenir cette place, et que, si vous la refusez, je ne pourrai peut-être plus rien.

VALCOURT.

Je l'accepterai avec reconnaissance, monsieur le duc; le plaisir de vous la devoir diminuera le regret de n'être plus en activité.

LE DUC.

Cette grace tient à une condition que je n'ai voulu charger personne de vous proposer que moi-même.

VALCOURT.

Quelle est-elle?

LE DUC.

Une jeune personne, belle, aimable, sensible, vous est destinée pour épouse, et la place dont je vous ai parlé est sa dot.

VALCOURT.

Je croyais que ma ruine ne m'avait ôté que votre

amitié; mais je suis plus malheureux que je ne pensais, j'ai perdu même votre estime.

LE DUC.

Comment!

VALCOURT.

Ne poussons pas plus loin un entretien qui finirait peut-être d'une manière affreuse pour moi. Monsieur le duc, je n'ai plus rien que l'honneur, et mon sang bouillonne lorsque l'on cherche à m'arracher ce seul bien qui me reste.

LE DUC.

Calmez-vous, je n'ai pas voulu vous offenser.

VALCOURT.

Vous me devez pourtant des excuses.

LE DUC.

Eh bien, je vous les fais; mais vous avez mal interprété ma proposition. La personne dont il s'agit est aussi vertueuse que belle : l'époux le plus délicat n'aurait rien à lui reprocher; elle est...

VALCOURT.

Etes-vous marié, monsieur le duc?

LE DUC.

Non.

VALCOURT.

Eh bien, d'après ce que vous m'en dites, je vous exhorte à l'épouser.

LE DUC.

Je n'hésiterais pas si elle était libre.

SCÈNE VII.

VALCOURT.

Comment, libre?

LE DUC.

Oui, puisqu'il faut tout vous dire : elle vous aime, elle vous adore, elle ne peut vivre qu'avec vous, et c'est moi qui, touché de ses larmes, de son amour, viens vous supplier de l'accepter pour épouse, et de finir tous vos malheurs.

VALCOURT.

Je vous demande pardon, monsieur, de la peine que j'ai à vous croire; les malheureux n'inspirent guère de passions. Mais pour achever de vous convaincre que l'amitié dont vous m'honorez ne peut m'être utile, je suis marié.

LE DUC.

Je le sais bien.

VALCOURT.

Vous le savez, et vous pouvez...

LE DUC.

Votre mariage fut secret et contre la volonté de votre famille; nous avons des moyens tout prêts de le faire casser; ainsi...

VALCOURT.

Eh quoi, monsieur! voilà les marques d'amitié que vous venez m'offrir! Eh! que ferait mon plus cruel ennemi? Pardonnez, je ne suis pas le maître de mes transports. Quoi! vous osez me dire que tout est prêt pour faire casser mon mariage, pour me séparer de Constance, de celle que j'aime plus que ma vie, pour qui seule j'ai souffert la vie; et mes enfans, mes malheureux enfans...

LE DUC.

Eh, que deviendront-ils si vous êtes dans l'indigence? n'auront-ils pas à vous reprocher de leur avoir donné l'existence pour trainer dans la pauvreté, et peut-être dans les affronts, un nom qui devait être respecté.

VALCOURT.

Dans les affronts! ils sont mes fils, ils n'en souffriront point; je leur apprendrai à soutenir la misère; je les ferai soldats, monsieur le duc: vous n'êtes duc que parce que vos pères étaient soldats.

LE DUC.

Mais ne vaudrait-il pas mieux leur assurer une fortune, l'assurer à votre Constance, car je suis assez puissant pour tout faire...

VALCOURT.

Vous ne l'êtes pas assez pour m'obliger à vous écouter davantage. Oubliez-moi, monsieur, oubliez-moi; laissez-moi mon honneur, ma femme, mes enfans. Malgré ma pauvreté, je suis aussi riche que vous.

LE DUC.

Je n'ai plus qu'une grace à vous demander, c'est

SCÈNE VII.

de vouloir bien voir une fois celle que je vous destinais pour épouse...

VALCOURT.

Et moi, j'ai une grace plus pressante, que j'attends de vous, c'est que vous cessiez cette conversation; je n'ai qu'un mot à ajouter : je regarderai comme un outrage la moindre parole sur ce sujet.

LE DUC.

Eh bien, je vous en ferai raison; mais je veux vous montrer cette femme vertueuse et sensible qui vous adore et qui ne peut vivre sans vous... Venez, madame, venez.

(*Il va chercher Constance dans la coulisse.*)

SCÈNE VIII.

CONSTANCE, MERVILLE, LE DUC, VALCOURT.

VALCOURT.

O ciel! Constance...

(*Il se jette dans ses bras.*)

LE DUC, à Valcourt.

Ingrat, tu m'as soupçonné!

VALCOURT.

Ah! comment réparer?

LE DUC.

Il faut te battre avec moi ou accepter mes bienfaits. J'ai été le témoin de vos adieux, mon cœur s'est serré ; j'ai suivi Constance, je l'ai retenue, et, de peur que mes soins ne lui fussent suspects, j'ai voulu doubler ton attachement pour elle en la rendant témoin d'une épreuve qui lui assure à jamais ton cœur. Heureux époux, respectables époux, aimez-vous toujours ; venez chez moi, et j'ose vous répondre de vous obtenir la place que tu as refusée. Mais laisse-moi jouir quelque temps du plus beau spectacle de l'univers, de contempler la vertu heureuse.

FIN DU DUC D'ORMOND.

MES IDÉES
SUR NOS AUTEURS COMIQUES (1).

MOLIÈRE.

L'ÉTOURDI.

Modèle de ruses, de contre-ruses, d'intrigue, de comique. Imitez Mascarille, si vous voulez faire un de ces valets rusés qui mènent tout.

LE DÉPIT AMOUREUX.

Métaphraste et Albert ont une scène, la septième du second acte, de bavardage de la part de l'un, d'impatience de la part de l'autre, qui est très-comique. Polidore et Albert, craignant de s'annoncer tous deux une mauvaise nouvelle, et se demandant réciproquement pardon, dans la scène quatre du troisième acte; Eraste et Lucile se brouillant et se raccommodant, scène sublime, la troisième du quatrième acte; parodie charmante par le valet et la soubrette.

(1) Un premier titre écrit aussi de la main de Florian, est ainsi conçu : *Idées sur nos meilleurs comiques.*

LES PRÉCIEUSES.

La scène de Mascarille et celle de Jodelet sont les modèles de toutes les scènes où les valets sont déguisés en maîtres et font les ridicules.

LE COCU IMAGINAIRE.

Pièce peu digne de Molière. La scène dixième du deuxième acte, où Cécile se plaint de son propre malheur, tandis que Sganarelle croit que c'est au sien qu'elle s'intéresse, est plaisante.

DON GARCIE DE NAVARRE.

Le caractère de don Garcie, ou du jaloux, est le seul digne d'être étudié. La scène de la lettre, la cinquième du premier acte; celle du billet déchiré, la cinquième du deuxième acte; la huitième du quatrième acte, superbe depuis le commencement jusqu'à la fin, et modèle de scènes de jalousie : voilà les seules beautés de la pièce.

L'ECOLE DES MARIS.

Chef-d'œuvre de conduite comique, de morale et de diction ; tout en est à étudier.

La première scène du premier acte, où les deux caractères principaux s'exposent : la cinquième du premier acte, où Valère veut faire parler Sganarelle et se lier avec lui malgré lui. L'acte deux est tout entier sublime. Sganarelle, qui va porter à Valère la déclaration d'amour, ensuite le billet, ensuite le conseil d'enlever Isabelle ; la scène quatorzième de ce deuxième acte, dans laquelle Sganarelle mène Valère devant Isabelle qui s'explique en sa présence sur ses véritables sentimens, et le trompe sous ses propres yeux ; l'acte qui finit par le dessein d'épouser le lendemain Isabelle, ce qui rompt tout ce qu'elle a fait, et oblige de recommencer la pièce au troisième acte, où le jaloux va lui-même chercher le notaire pour les unir ; la scène sixième où il sermonne Ariste ; enfin le dénouement qui est superbe, qui se fait par les soins du jaloux, qui satisfait tout le monde... Il faut lire cent fois cette pièce et l'admirer chaque fois davantage.

LES FACHEUX.

Pièce à tiroir. Son valet est le premier fâcheux. La scène cinquième du premier acte, du seigneur qui a fait une courante ; la deuxième du deuxième acte, du joueur ; la septième du deuxième acte, du chasseur ; la deuxième du troisième acte, du savant grec ; la troisième du troisième acte de l'homme qui veut mettre la France en ports de mer : voilà les beautés de cet ouvrage.

L'ÉCOLE DES FEMMES.

Chef-d'œuvre de comique. Les trois premiers actes me semblent infiniment supérieurs aux deux autres. La première scène du premier acte, modèle d'exposition morale; la sixième entre Horace et Arnolphe, modèle de récit et de comique. La scène sixième du deuxième acte, entre Arnolphe et Agnès, admirable pour la vérité, le plaisant et le contraste d'un vieillard jaloux et fin, et d'une jeune sotte qui lui dit tout; la deuxième scène du troisième acte, entre Arnolphe et Agnès, où il lui explique les devoirs du mariage; la quatrième du deuxième acte, où Horace lui confie la manière dont Agnès lui a fait parvenir sa lettre, sont des modèles de comique. La scène huit du quatrième acte, d'Arnolphe et de Chrisalde, sur le cocuage, est d'une philosophie admirable; la scène quatrième du cinquième acte, où Arnolphe cherche ridiculement à plaire à cette Agnès, contre laquelle il est furieux; enfin toute la pièce, hors le dénouement et quelques expressions basses, est sublime.

LA CRITIQUE DE L'ECOLE DES FEMMES.

Petite pièce qui n'est intéressante que pour les adorateurs de Molière. La scène septième, où le poète, le marquis et la prude font leurs remarques sur l'Ecole des Femmes, est pleine de vérité et de comique.

L'IMPROMPTU DE VERSAILLES.

Ce n'est point une comédie, mais une satire peu

piquante, à présent que personne ne sait les noms des détracteurs de Molière.

LA PRINCESSE D'ELIDE.

Le prologue de Lysiscas endormi, que l'on réveille, et qui se rendort toujours en parlant, me paraît la scène la plus plaisante de la pièce; la première scène du quatrième acte, dans laquelle Euriale et la princesse se trompent tous les deux par amour, et veulent se persuader qu'ils sont insensibles, est la seule jolie de la pièce.

LE MARIAGE FORCÉ.

Farce charmante et morale; la première scène de Sganarelle et de Géronimo, où le premier demande conseil pour se marier, est pleine de comique et de raison. La scène sixième du bavard Pancrace et de Sganarelle est charmante; la huitième avec le pyrrhonien Marphurius est aussi jolie; la seizième, où Alcidas veut que Sganarelle se batte ou se marie, est un modèle de bon comique. Voilà tout ce qu'il y a à remarquer dans cette pièce.

LE FESTIN DE PIERRE.

Cette pièce, dont le titre n'a pas de sens, étincelle de bon comique. Quoique Thomas Corneille l'ait mise en vers, et ait ajouté plusieurs bonnes plaisanteries dans la première scène de Charlotte et de Pierrot au deuxième acte; malgré la scène de Léonor et de sa tante avec don Juan au troisième, et celle de la même Léonor et de sa nourrice au cinquième, qui prépare le dénouement, ajoutées par Corneille, je préfère encore la pièce en prose, telle que Molière l'a faite; l'exposition en est charmante. La deuxième scène, où don Juan développe son caractère, est un modèle; la première scène du deuxième acte entre Pierrot et Charlotte ; la cinquième du même acte, où don Juan trompe à la fois les deux paysannes, sont des chefs-d'œuvre de comique. Le troisième acte est tout espagnol. La scène troisième du quatrième acte, entre M. Dimanche et don Juan, est un modèle de vérité et d'excellent comique. La scène deuxième du cinquième acte, où don Juan parle de l'hypocrisie, et la troisième, où il refuse à don Carlos d'épouser sa sœur par scrupule (scène que Corneille n'aurait pas dû mettre de côté), achèvent de rendre don Juan odieux, et rendent le dénouement moins inconcevable en le faisant souhaiter davantage.

L'AMOUR MÉDECIN.

Jolie farce. La première scène du premier acte, dans laquelle Sganarelle demande des conseils à trois personnes, qui chacune lui en donnent un intéressé, est un modèle de vérité; la troisième du même acte, où Lucinde, sollicitée par son père de lui dire son chagrin, le lui apprend, Sganarelle ne l'écoutant plus, est un modèle de comique. La scène troisième du deuxième acte, dans laquelle les médecins, assemblés pour consulter, parlent de leur mule et de leurs chevaux; la sixième du troisième acte, dans laquelle Clitandre joue le rôle de médecin, et épouse Lucinde, sont des scènes charmantes et à consulter.

LE MISANTHROPE.

Ce chef-d'œuvre du monde mérite d'être appris par cœur avant que d'être examiné. La première scène du premier acte, où Alceste développe son caractère avec son ami, qui en a un totalement opposé; la deuxième, où Oronte lui vient lire un sonnet, sont d'un excellent comique et d'une vérité sublime. La première scène du deuxième acte, où Alceste est en opposition avec la coquette Célimène; la cinquième, où tous ces marquis, et Célimène surtout, médisent de toute la terre devant le misanthrope, sont superbes. La scène cinquième du troisième acte, dans laquelle la prude Arsinoé vient donner des avis à la coquette Célimène, qui les lui rend avec tout l'esprit imaginable; la septième, dans laquelle Arsinoé allume la jalousie d'Alceste après l'avoir loué malgré lui; la scène troisième du quatrième acte, de fureur et de rage de la part d'Alceste, de finesse et de coquetterie de la part de Célimène, qui s'apaise tant qu'Alceste est en colère, qui se fâche dès qu'Alceste s'apaise ; la première scène du cinquième acte, où Alceste, après avoir perdu son procès, veut renoncer à la nature entière et s'enfuir dans les bois ; le dénouement enfin : voilà les beautés principales d'un ouvrage dans lequel il n'y a pas un vers qui n'ait rapport au caractère principal.

LE MÉDECIN MALGRÉ LUI.

Jolie farce, pleine de vérité. La première et la deuxième scène du premier acte, dans lesquelles Sganarelle bat sa femme, le voisin Robert voulant l'en empêcher, et celui-ci étant battu par la femme et par le mari ; la scène sixième, où l'on fait dire à Sganarelle, à force de coups de bâton, qu'il est médecin ; la scène troisième du deuxième acte, dans laquelle Sganarelle fait le médecin ; la sixième, où il interroge la malade : voilà les plus jolies scènes de ce petit ouvrage, qui soutint le Misanthrope.

MÉLICERTE, PASTORALE.

Molière ne l'a pas achevée. La scène troisième du deuxième acte est jolie, et Mélicerte et Myrtil y parlent comme des bergers bien amoureux et bien naïfs.

L'AMOUR PEINTRE.

Petite pièce pleine de grace et de galanterie : la scène onzième du portrait est charmante, et la suivante est d'un comique admirable : don Pèdre est un jaloux parfait; Adraste un amant très-aimable, et Hali un fourbe très-comique.

LE TARTUFE.

Tout est sublime dans ce chef-d'œuvre; et le dénouement, que plusieurs personnes n'approuvent pas, ne peut choquer, après cinq actes de beautés continues.

La première scène du premier acte, où la vieille mère Pernelle, en grondant toute sa famille, expose si plaisamment et la pièce et le caractère de chacun; la cinquième, où Orgon s'informe de la santé de Tartufe, et oublie sa femme et ses enfans, malgré les railleries de Dorine; la sixième, sur les faux dévots, entre Orgon et Cléante, scène admirablement écrite; la quatrième du deuxième acte, où les amans se brouillent par un malentendu, et se raccommodent par les soins de Dorine; la deuxième du troisième acte, où Tartufe s'annonce; la troisième, où il fait sa déclaration à Elmire; la sixième, où Orgon lui demande pardon à genoux pour son fils qui l'a accusé; la cinquième du quatrième acte, où Orgon est sous la table, scène si singulière, si belle et si hardie : voilà les principales beautés d'un ouvrage que l'Europe admire avec raison.

AMPHITRYON.

Une des plus comiques pièces de Molière. Le premier monologue de Sosie, quoique très-long ; la scène avec Mercure qui lui persuade qu'il est Sosie ; la scène première du deuxième acte entre Amphitryon et Sosie ; la deuxième entre Alcmène et Amphitryon ; troisième entre Cléanthis et Sosie, où il s'informe à son tour de ce qui s'est passé ; la deuxième du troisième acte, où Mercure se moque d'Amphitryon : voilà les scènes à étudier dans ce chef-d'œuvre de comique.

L'AVARE.

Encore un chef-d'œuvre. Le dénouement, que l'on blâme, était impossible autrement. Cette pièce vaut peut-être le Tartufe et le Misanthrope. La scène troisième du premier acte entre l'Avare et le valet qu'il fouille ; la cinquième entre l'Avare, son fils et sa fille, quand ils veulent lui parler de leur mariage ; la septième, où l'Avare prend l'amant de sa fille pour juge de son refus de se marier ; la scène sixième du deuxième acte, dans laquelle Frosine flatte l'Avare ; la scène troisième du quatrième acte, où l'Avare trompe son fils par une fausse confidence ; la quatrième, où maître Jacques les raccommode si comiquement ; la deuxième du cinquième acte dans laquelle maître Jacques accuse l'intendant du vol de la cassette; la troisième où Valère croit qu'on l'accuse d'avoir enlevé Elise, et le quiproquo de la cassette : voilà les beautés à étudier dans cette pièce.

GEORGE DANDIN.

Pièce très-morale et très-comique. La scène deuxième du premier acte, où Lubin fait confidence à George Dandin de son message pour sa femme; la quatrième, où monsieur et madame de Sotenville font enrager leur gendre qui se plaint de leur fille; la huitième, où George Dandin est obligé de demanmander pardon au galant de sa femme; la scène septième du deuxième acte, où Lubin raconte de nouveau à George Dandin le rendez-vous de sa femme, et la dernière scène de la pièce, dans laquelle le malheureux mari est encore obligé de demander pardon à sa coquine de femme : voilà les scènes à étudier.

POURCEAUGNAC.

Dans cette farce, comme dans toutes celles de Molière, il y a des scènes excellentes. La cinquième du premier acte, où Sbrigani prend le parti de Pourceaugnac; la suivante, où Eraste lui persuade qu'il connait Limoges et toute sa famille; la onzième, où Pourceaugnac est entre les deux médecins et ne sait ce qu'ils lui veulent : voilà, ce me semble, les seules beautés de cette pièce.

LES AMANS MAGNIFIQUES.

Pièce de commande. La scène septième de la pastorale du troisième intermède est charmante : c'est une traduction d'Horace.

LE BOURGEOIS GENTILHOMME.

Chef-d'œuvre encore. La scène de M. Jourdain avec ses maîtres ; celle avec son maître de philosophie ; la troisième du troisième acte, où madame Jourdain et Nicole font la leçon à M. Jourdain ; la suivante, où Dorante vient lui emprunter de l'argent ; la dixième, où Lucile et Nicole courent après leurs amans et s'en font suivre à leur tour ; la douzième, où Cléonte demande Lucile, et est refusé parce qu'il n'est pas gentilhomme ; la dix-neuvième, où M. Jourdain reçoit Dorimène, et fait de l'esprit avec elle : voilà les beautés de cet ouvrage, dont le cinquième acte ne vaut pas les autres.

LES FOURBERIES DE SCAPIN.

Sans le troisième acte, cette farce charmante serait une excellente comédie. La première scène du premier acte est un modèle d'exposition ; la scène quatrième, où Scapin donne des conseils à Octave ; la sixième, où Scapin raconte à Argante l'histoire du mariage de son fils ; dans le deuxième acte, la scène cinquième, où Scapin fait cette confession si plaisante; la scène septième, où son maître a besoin de lui, et le supplie de lui pardonner; la huitième, où Scapin tire de l'argent d'Argante pour rompre le mariage de son fils, et où il lui détaille tout ce qu'il lui en coûtera pour plaider; la onzième, où Scapin tire de l'argent de Géronte par le comite de la galère, sont à remarquer. Dans le troisième, la scène du sac me semble peu digne des autres, mais la suivante, la troisième, où Zerbinette raconte à Géronte sa propre histoire, et celles que j'ai indiquées : voilà les scènes que je trouve admirables dans cette pièce, dont le dénoûment est à l'antique.

PSYCHÉ.

Cette pièce est du grand Corneille, de Molière, de Quinault et de Lulli. Jamais si faible enfant n'a eu des pères si forts. La scène troisième du troisième acte est charmante; le style en est doux et pur : c'est le grand Corneille qui l'a faite. Psyché fait sa déclaration d'amour à l'Amour : c'est un modèle. Voilà tout ce qu'il y a dans la pièce.

LES FEMMES SAVANTES.

Chef-d'œuvre encore. La première scène du premier acte, où Armande et Henriette exposent leurs différens caractères; la deuxième, où Clitandre avoue à Armande qu'il ne l'aime plus; la quatrième, où Bélise veut toujours voir une déclaration d'amour dans tout ce que lui dit Clitandre; au deuxième acte, les scènes cinquième et sixième, où Martine est chassée, parce qu'elle a manqué à la grammaire; la septième, où Chrisale se plaint aux Femmes savantes et leur parle raison ; au troisième acte, les scènes 1, 2, 3, 4, 5e, où Trissotin lit ses vers, où il se prend de querelle avec Vadius ; au cinquième acte, la scène première, où Henriette témoigne à Trissotin sa répugnance, et où celui-ci persiste; la scène troisième, où le notaire ne sait auquel entendre, le père disant que le gendre est Clitandre, la mère disant que c'est Trissotin, Martine philosophant mieux que personne : voilà les scènes de cet ouvrage admirable qui doivent servir de modèles.

LA COMTESSE D'ESCARBAGNAS.

Jolie farce. Les ridicules de la province y sont bien peints. Les scènes quatrième et sixième, où la comtesse gronde et instruit ses gens ; la scène quinzième, où on lit la jolie lettre de M. Thibaudier ; la seizième, où il vient lire lui-même les vers qu'il a faits ; les deux suivantes, où M. Bobinet amène son jeune élève : voilà ce qu'il y a de plus comique dans cette pièce.

LE MALADE IMAGINAIRE.

Excellente comédie. La première scène du premier acte, où Argan compte ses mémoires; la cinquième, où il propose à sa fille de se marier, Angélique croyant qu'il parle de son amant; sa colère avec Toinette; la scène neuvième avec sa femme et le notaire: au deuxième acte, la scène sixième, dans laquelle Diafoirus fait ses complimens, et l'amant déguisé en maître à chanter chantant un duo avec sa maîtresse; la scène onzième d'Argan et de sa petite-fille, à qui il fait raconter tout ce qu'elle a vu; au troisième acte, la scène troisième, où Béralde parle raison à Argan sur la médecine; la sixième, où M. Purgon vient le menacer de mille espèces de maux; la quatorzième, où Toinette joue le médecin et devine toutes ses maladies : voilà les traits les plus comiques de cette pièce, qui fut la dernière de l'inimitable Molière.

REGNARD.

LA SÉRÉNADE.

Farce très-plaisante. La scène troisième, où Marine parle pour prouver à Scapin qu'elle n'est pas bavarde; la vingt-deuxième où Champagne, ivre, veut parler raison à M. Griffon : voilà les deux plus jolies scènes de la pièce. La scène huitième, où Léonor prend Valère pour le mari qui lui est destiné, tandis que sa mère entend parler de Géronte, est pillée de la cinquième scène du premier acte du Malade imaginaire.

LE BAL.

La plus mauvaise des comédies de Regnard : rien à imiter que le rôle de Mathieu Crochet pour un rôle de basse charge.

LE JOUEUR.

La meilleure des comédies de Regnard. Au premier acte, la deuxième scène expose à merveille et très-comiquement la pièce; la dixième, de M. Tout-à-Bas : au deuxième acte, la scène neuvième, où Angélique, malgré Nérine, pardonne à Valère : au troisième acte, la troisième, où Hector présente son mémoire à Géronte; la sixième des créanciers (imitée du Festin de Pierre, bien au-dessous de cette dernière); la neuvième, où le marquis insulte Valère, qu'il croit un poltron : au quatrième acte, la scène douzième, où Hector lit Sénèque à son maître qui a perdu tout son argent : au cinquième acte, la scène quatrième, où madame La Ressource dit que le marquis est son cousin, ressemble beaucoup à celle de madame Jacob dans Turcaret; j'ignore quelle est l'aînée : voilà les meilleures scènes de cette pièce, qui a mérité sa réputation, et où je ne voudrais ni marquis ni comtessé.

LE DISTRAIT.

Le rôle du Distrait est bien fait d'un bout à l'autre. La scène troisième du troisième acte, où le chevalier donne sa leçon d'italien, est jolie; la scène huitième du quatrième acte, où le Distrait donne à son valet des raisons de sa distraction, est pleine d'esprit et de philosophie. Dans cette pièce, comme dans toutes celles de Regnard, il y a un comique de mots que personne n'a atteint comme lui; la scène sixième du quatrième acte, où le Distrait et le chevalier se disent poliment leurs vérités, ressemble à la scène de Célimène et Arsinoé dans le Misanthrope.

ATTENDEZ-MOI SOUS L'ORME.

Cette jolie petite pièce est sûrement de Dufresny, du moins je crois l'y reconnaître. La première scène où Pasquin demande son congé à son maître; la quatrième, où Pasquin et Lisette ont peine à retenir l'amoureux Colin; la dixième, où Lisette, déguisée en veuve, attrape l'officier, et le dénoûment: voilà ce qu'il y a de plus joli.

DÉMOCRITE.

Le rôle de Démocrite a de temps en temps de la philosophie. La scène septième du deuxième acte, où Strabon et Cléanthis se plaisent, sans se reconnaître pour mari et femme, est très-comique, mais nullement vraisemblable; la scène septième du quatrième acte, où Strabon et Cléanthis se reconnaissent et s'abhorrent, est très-plaisante et d'un vrai comique.

LE RETOUR IMPRÉVU.

Plein de comique. La scène quatrième, où Merlin prêche son maître, et finit par être de son avis; la treizième, où Merlin reçoit Géronte, et lui conte mille histoires pour l'empêcher d'entrer; la seizième, où Géronte et madame Bertrand se parlent en se croyant tous les deux fous, sont des scènes d'un comique admirable.

LES FOLIES AMOUREUSES.

La scène où Agathe, contrefaisant la folle, donne une lettre à son amant dans un papier de musique, et celle où elle escamote de l'argent à Albert pour gagner son procès, sont les plus jolies de la pièce.

LES MÉNECHMES.

La scène cinquième du deuxième acte, où Ménechme envoie au diable Araminte et Finette qui le prennent pour son frère; la scène de M. Coquelet, qui est la même que dans le Retour imprévu, sont les plus comiques de la pièce.

LE LÉGATAIRE.

La scène deuxième du troisième acte, où Crispin contrefait le gentilhomme campagnard, et la sixième, où il se déguise en veuve du Maine; la sixième du quatrième acte, où il dicte le testament; et la sixième du cinquième acte, où l'on fait accroire à Géronte que c'est lui qui a fait le testament, sont d'un comique admirable, mais par trop contre les mœurs.

LA CRITIQUE DU LÉGATAIRE.

Rien à dire ni à profiter.

LES SOUHAITS.

Rien à profiter.

LES VENDANGES.

La scène neuvième, où Léandre raconte à Trigaudin le tour qu'il veut lui jouer, et lui demande son avis par'écrit, est très-comique.

DUFRESNY.

LE NÉGLIGENT.

La scène troisième du deuxième acte, entre le marquis et le poète, sur Homère et Virgile; la sixième du troisième acte, entre le marquis et Dorante, est la même que celle du Joueur de Regnard, où le Joueur se laisse malmener et veut ensuite le faire dégainer. La pièce est mauvaise. Le rôle du marquis est un rôle de fat bien soutenu.

LE CHEVALIER JOUEUR.

A peu près la même que celle de Regnard, excepté que je la trouve meilleure (1).

LA NOCE INTERROMPUE.

Au-dessous de Dufresny.

LE MALADE SANS MALADIE.

Le rôle de la malade, celui de la fausse et *caresseuse* Lucinde, celui du traître Faussinville, sont très-bien faits ; tous les détails sont charmans.

L'ESPRIT DE CONTRADICTION.

Chef-d'œuvre. Le rôle de la femme qui contredit, du benêt de mari, du jardinier Lucas, sont faits à merveille.

LE DOUBLE VEUVAGE.

Il faudrait, je crois, le réduire.

---

(1) Il y a de l'ambiguïté dans cette phrase, ou plutôt on pourrait croire que c'est la pièce de Dufresny que Florian préfère à celle de Regnard, si l'on n'avait vu à l'article de cette dernière qu'il la regarde comme la meilleure de son auteur ; il faut donc pardonner cette négligence de style à un écrivain qui était assez modeste pour être persuadé que ses notes ne seraient jamais imprimées, et lire la dernière phrase comme s'il y avait : *Excepté que je trouve celle de Regnard meilleure.* (Note de l'Éditeur.

LE FAUX HONNÊTE HOMME.

Mauvaise pièce.

LE FAUX INSTINCT.

Mauvaise pièce, mais pleine d'esprit et d'intrigue.

LE JALOUX HONTEUX.

Comédie excellente. Le rôle du Jaloux est admirable; l'intrigue n'est pas aussi bonne : il y a une naïve Hortense qui rapporte tout ce qu'elle a vu, qui est bien plaisante.

LA JOUEUSE.

Répétition de son Joueur, moins bonne que le Chevalier joueur.

LA COQUETTE DE VILLAGE.

Jolie pièce : le rôle de la Coquette est charmant.

LA RÉCONCILIATION NORMANDE.

Pièce singulière, et peu agréable.

LE DÉDIT.

Charmante petite pièce : le rôle de valet est excellent.

LE MARIAGE FAIT ET ROMPU.

Chef-d'œuvre qu'il faut lire et connaître comme les pièces de Molière.

LE FAUX SINCÈRE.
Mauvaise pièce.

DANCOURT.

LE CHEVALIER A LA MODE.
Pièce morale et comique : le caractère de madame Patin est le mieux soutenu et le mieux peint.

LA MAISON DE CAMPAGNE.
Très-comique et bien mauvaise pièce.

LES BOURGEOISES A LA MODE.
Bonne comédie, très-comique et morale.

LES VENDANGES DE SURÈNE.
L'imbécile Vivien est ce qu'il y a de plus comique.

LES VACANCES.
Le rôle de M. Grimaudin est vraiment comique.

LE MARI RETROUVÉ.
La meilleure des farces de Dancourt. M. Julien et sa femme sont infiniment plaisans.

LES TROIS COUSINES.
La scène où la meunière demande conseil au bailli est comique.

LE GALANT JARDINIER.

Le rôle de Lucas est celui d'un paysan bien fripon et bien comique : les autres pièces de Dancourt me semblent à peine lisibles.

PIRON.

L'ÉCOLE DES PÈRES.

Pièce morale et point comique. La scène où Pasquin imite ses maîtres en reniant son père est plaisante.

L'AMANT MYSTÉRIEUX.

Pièce faible ; le rôle et le caractère de l'amant sont très-comiques.

LA MÉTROMANIE.

Chef-d'œuvre ; tout en est presque à remarquer. Au premier acte, la scène sixième entre Damis et son valet, dans laquelle ils partagent les prix ; au deuxième acte, la scène huitième entre Damis et son valet, quand il lui confie sa passion pour l'inconnue du Mercure ; au troisième acte, la scène sixième, où Baliveau et Damis se rencontrent en répétant leurs rôles, et se reconnaissent, tandis que Francaleu crie bravo ; la scène suivante est superbe ; enfin le monologue qui commence le cinquième acte : tout doit être étudié dans cet ouvrage.

LA ROSE.

Joli opéra comique.

LE FAUX PRODIGUE.

Opéra comique très-plaisant, et digne de la comédie.

BOISSI.

L'AMANT DE SA FEMME.

Joli sujet, mal traité.

L'IMPATIENT.

Mauvaise pièce, où le rôle de l'Impatient est très-bien fait.

LE BABILLARD.

Charmante pièce. Le rôle du Babillard est fait à merveille, et doit servir de modèle.

LE FRANÇAIS A LONDRES.

Jolie petite pièce; le rôle du marquis est bien soutenu et bien fait.

LES DEUX PIÈCES.

La scène première du quatrième acte, où Lucile demande au chevalier des vers pour répondre à son amant, tandis que le chevalier croit que c'est pour répondre à lui-même, est la seule jolie de la pièce.

LES DEHORS TROMPEURS.

La meilleure de Boissi.

LA SURPRISE DE LA HAINE.

Mauvaise pièce. La sixième scène du second acte, où Arlequin, pour avoir de l'argent, dit le diable de son maître, et est payé de chaque défaut, est charmante.

LE BILLET DOUX.

La première scène est très-jolie.

FIN.

TABLE DES MATIÈRES

CONTENUES DANS CE VOLUME.

PAGES

LA JEUNESSE DE FLORIAN,
OU MÉMOIRES D'UN JEUNE ESPAGNOL.

AVERTISSEMENT DU PREMIER ÉDITEUR.   3

LIVRE PREMIER.

CHAP. I. Ma naissance. Fortune de mon père; sa position. Mon éducation. Accident de mon frère.	9
— II. Ce que c'était que mon oncle. Voyage à Pedrera. Séjour à Grenade. Singulière réception. Prompt retour.	13
— III. Inoculation. Ce que c'était que ma tante. Départ du royaume de Grenade.	15
— IV. Début à Fernixo. Bataille des pavots.	20
— V. Fête à Fernixo.	25
— VI. Portraits.	31
— VII. Mes précepteurs.	35
— VIII. Année intéressante.	39
— IX. Arrivée à Madrid; début dans la maison de don Juan. L'on m'essaie comme un cheval de cabriolet.	45
— X. Détails peu intéressans.	49
— XI. Courses, fêtes. Études des mathématiques. Mariage de don Avilas. Mort de ma tante.	52
— XII. Premier instant de liberté. Ma sortie des pages.	56

TABLE DES MATIÈRES

LIVRE SECOND.

	Pages
Chap. I. Nouvelle position. Départ pour Durango. Anecdote de Dona Pradella. Arrivée à Durango. Concours, et départ pour le château de don Crinitto.	59
— II. Soupirs et bouquets pour Henriette. Pari perdu. Agréable nouvelle. Séjour à Avilas et départ pour Durango.	62
— III. Début à Durango. Liaison avec Estevan. Perte irréparable.	66
— IV. Conquête de la belle Rose. Voyage à Avilas. Mariage de mon oncle.	69
— V. Grand souper. Bal, et choix de Joséphine. Goût pour le saumon frais.	74
— VI. Claire.	78
— VII. Querelles; batailles; prison.	82
— VIII. Fin de la captivité. Nouvelle inconstance impardonnable. Nouvelles querelles; nouvelle prison. Départ de Durango.	85
— IX. Voyage économique. Fête à Rovillo. Ce qui s'ensuivit. Départ pour Madrid.	88
— X. Séjour à Madrid. Aventure du Colisée. Départ et arrivée à Fernixo.	94
— XI. Ce que c'était que ma tante, seconde du nom. Épisode de Podilletta.	100
— XII. Nouvelles de Durango. Arrivée de mon père. Ennui, bals, amours, chasse, vaisseau cassé dans la poitrine de ma tante.	106
— XIII. Voyage à Madrid; résultat. Voyage à Avilas. Changement de corps.	114
Note du premier Éditeur.	118
Lettre à M. le chevalier de Florian.	119

NOUVEAUX MÉLANGES.

Avertissement.	125

TABLE DES MATIÈRES.

	PAGES
L'Enfant d'Arlequin, perdu et retrouvé, comédie.	127
Arlequin maître de maison, comédie.	173
Le duc d'Ormond, comédie.	227
Mes idées sur nos auteurs comiques.	247

FIN DE LA TABLE.

www.ingramcontent.com/pod-product-compliance
Lightning Source LLC
Chambersburg PA
CBHW050649170426
43200CB00008B/1211